粮食的分量

沉甸甸的压舱石

徐恒杰　白锋哲　刘越山 ◎ 著

中国农业出版社
北　京

惜粮即惜福　莫忘有饥饿（代序）

听过一位老太太的故事。她生于1939年，一辈子都是以食物为尺度来说事做事。

年轻时生产队里，她割麦割得最快，因为最先割到头可以得两个白面馍。

她的五个孩子中，她顶不喜欢排行老三的大儿子，老说大儿子从小就自私。有一件事她经常拿出来说，整个大家庭里连孙辈都知道。大儿子很小的时候，在外面吃烧熟的毛豆，吃光了才回家，"一小小就自私，就知道背着家里人，不会留给家里人吃。"

她评价一个人好，会说谁谁给她带吃的东西。她丈夫幼年就失去了父亲，据说是被旧社会的保长打死的，丈夫的母亲迫于生计，再嫁到了邻村一户人家。她过门后去看过丈夫的母亲，觉得人很好，因为尽管那时都没吃的，可她回家时，丈夫的母亲还送了她梨子。

她的大女儿汶川地震那年，突发脑出血，不到50岁就去世了。一年半载后回忆时，她不记得去世的具体时间了，只记得是"甜瓜下来的时候"。她爱吃能吃，有时让人触目惊心。她的生存哲学似乎就是"人生在世，吃喝二字"。

然而，翻读她的一生故事，却满是辛酸。6岁时因为家贫，被卖给另一户穷人家做童养媳。新中国成立后，她得以重获自由，回

粮食的分量——沉甸甸的压舱石

了家。后来与身世同样凄苦的丈夫结了婚，婚后同样是吃了上顿没下顿的日子。直到晚年，生活才渐渐好转。但饥饿感、匮乏感已深深浸入她的血液中、骨髓里，不用想，自然在。

这个老太太的故事让人唏嘘辛酸。饥饿能够在多大程度上改变一个人的性格以及行为方式？我们没有经历过她所遭遇过的生活，没有感受过她所遭受过的饥饿，自然不能切身地理解和体会她的痛楚、她内心的缺失。假如现在把我们放到一个历史上并不少见的饿殍遍野、食不果腹的年代，或者让我们一出生就与饥饿相伴，我们又会有着怎样的反应和人生命运呢？

幸运的是，我们当今中国已经全面建成小康社会，我们已经彻底消灭了困扰中国人民几千年的绝对贫困问题。我们可以自豪地说，我们14亿中国人不用再为吃饱饭、填饱肚子发愁了，我们已经获得了"免于饥饿的自由"了！

千百年来，我们中华民族多少往圣先贤在追求、在探索、在替华夏儿女表达着最基本的渴盼、最朴素的追求和最执著的梦想，"惟愿苍生俱饱暖"！但是，求而不得，追而无果。在几千年的历史长河中，也许在若干盛世，阶段性有过国泰民安的时刻，人们生活境况可能会相对好些，但是却不可能让所有人都免于饥饿。

当今之世，14亿中国人都过着比温饱有保障更幸福的全面小康生活！然而，只有中国。环顾世界，放眼全球，这地球上还有国家贫富悬殊，有多少人生活在朝不保夕的状态之中呀！还有多少国家被饥饿的阴影笼罩挥之不去啊！饥饿仍然是我们人类共同的敌人和噩梦，食物的匮乏是困扰我们地球的毒瘤和恶魔。

一个令人心痛的事实是，在这个世界上，在很多人看不到的地方和角落里，每天都有数以亿计的人口在挨饿，在为一日三餐发

惜粮即惜福　莫忘有饥饿（代序）

愁，他们生活的唯一目标就是找到吃的——活下来。活着只是为了生存，能够有生命一息尚存便是活着的全部意义。

而与此同时，在这个地球上，在人们肉眼可见、目力所及的地方，每天都有不计其数的食物被肆无忌惮、毫无顾忌地挥霍浪费掉。可能是富丽堂皇的酒店，也可能是在人声鼎沸的餐馆，还可能是在居家过日子的餐桌上。人们不以为意，根本不会把自己的行为跟浪费联系起来，只觉得这是自己花钱买的，吃不了倒掉扔掉与别人无关；人们心安理得，没有任何心理负担，觉得这不过就是值不了几个钱的东西，比不上奢侈品丢了心疼，比不上价高难得的物品扔了可惜。

每每看到这种情景、听到这种说辞，真恨不得让食物价格飞涨，让这些人尝尝买不起、吃不起食物的滋味；真希望能够拥有魔法，让这些人回到大饥荒年代，尝尝饥饿侵入骨血、迷乱心智的滋味；真期盼能够有种教育，让"谁知盘中餐，粒粒皆辛苦""一粥一饭，当思来之不易"等古训像紧箍咒一样植入这些人的头脑……然而，这也只能是愤怒情绪的宣泄罢了。

所喜的是，党的十八大以来，习近平总书记多次就"光盘行动"和"节约粮食"作出了"严格落实各项节约措施"等重要指示。

落实总书记的指示精神，2021年4月，《中华人民共和国反食品浪费法》在全国人大审议通过并施行了！2021年10月，中共中央办公厅、国务院办公厅印发的《节约粮食行动方案》（见本书附录）开始执行了！

食物不是一般的商品，不是谁买了就可以肆意浪费，不是谁有钱谁就可以无限占有。从资源权益角度来讲，食物是用我们赖以生

粮食的分量——沉甸甸的压舱石

存的地球上有限的资源生产出来的,浪费食物就是浪费资源,就是侵占了别人的生存权;从道德修为层面来讲,浪费食物是一种不道德的行为,就是应该树立"浪费可耻,节约光荣""惜食有食吃,惜粮有粮用,惜福有福享"的观念和理念;从法律层面上,对于食物的浪费挥霍行为,理应受到法律的约束和惩治,长此以往应能够有效地制约某些人的浪费行为。

在2020年年底召开的中央农村工作会议上,习近平总书记明确强调,粮食安全是国之大者!悠悠万事,吃饭为大。对于中国这样一个有着14亿人口的大国来讲,保障粮食安全是一个永恒的课题,怎么强调都不过分。

2021年年底,习近平总书记主持召开中央政治局常委会会议,专题研究"三农"工作并发表重要讲话。习近平指出,应对各种风险挑战,必须着眼国家战略需要,稳住农业基本盘、做好"三农"工作,措施要硬,执行力要强,确保稳产保供,确保农业农村稳定发展;保障好初级产品供给是一个重大战略性问题,中国人的饭碗任何时候都要牢牢端在自己手中,饭碗主要装中国粮。

习近平强调,保证粮食安全,大家都有责任,党政同责要真正见效;要有合理布局,主产区、主销区、产销平衡区都要保面积、保产量;耕地保护要求要非常明确,18亿亩①耕地必须实至名归,农田就是农田,而且必须是良田。要实打实地调整结构,扩种大豆和油料,见到可考核的成效;要真正落实"菜篮子"市长负责制,确保猪肉、蔬菜等农副产品供给安全。

这些年,我国粮食生产年年丰收,人民群众衣食无虞。全国现

---

① 亩为非法定计量单位,1亩≈667平方米,下同。

惜粮即惜福　莫忘有饥饿（代序）

在人均口粮年消费不到 150 千克。这 150 千克说的是原粮，如果折算为成品粮，也就是折成米、面，按照出米率 70%、出粉率 70% 算，面和米 1∶1 搭配，就是 100 斤[①]面、100 斤米，一年一个人有 100 千克口粮就足够消费了。而从生产供应看，目前全国年人均粮食占有量达 472 千克，远高于人均 400 千克的国际粮食安全标准线，特别是稻谷、小麦这两大口粮，人均占有量超过 200 千克，库存充裕，价格总体平稳。

但是，也要看到，我国的粮食供给并不宽裕，一直是一种紧平衡状态。未来"十四五"乃至更长时期，随着人口增长，特别是消费的升级，粮食的需求还会有刚性增长。同时，再加上外部形势的不确定性不稳定性也明显增加。所以在粮食安全问题上，我们一刻也不能掉以轻心，而且还必须尽可能把安全系数打得高一些，尽可能多产一些粮、多储一些粮。习近平总书记强调，要牢牢把握粮食安全主动权，粮食安全的弦要始终绷得很紧很紧，粮食生产必须年年抓紧。

2021 年 5 月 22 日，袁隆平院士去世。消息传出，神州垂泪，举国哀悼。袁老一生心心念念的是中国人的饭碗，甚至于惦记着让世界人民都能够吃饱饭，"惟愿苍生俱饱暖"。

古希腊色诺芬说过，"最富足的人也不能离开农业。""农业是其他技艺的母亲和保姆，因为农业繁荣的时候，其他一切技艺也都兴旺。"于国家而言，必须坚定不移实施粮食安全战略；于个人而言，必须要树立珍惜粮食从我做起的意识。

如果大家读完这本书，在看到粮食时，能够意识它的沉甸甸的

---

① 斤为非法定计量单位，1 斤＝500 克，下同。

 **粮食的分量**——沉甸甸的压舱石

分量和来之不易；在想要浪费粮食时，马上会有一个声音跳出来制止；在享用食物时，会心存对天地、对耕耘者、对食物本身的感恩，会心存对我们地球上仍有不得饱食者的悲悯，那么，我们的目的就达到了。

"手中有粮，心中不慌；脚踏实地，喜气洋洋。"

珍粮惜食，从我做起。

目 录

惜粮即惜福　莫忘有饥饿（代序）

第一章　沉甸甸的分量——人类的重中之重 … 1

一、生产粮食是人类社会成熟和发展的起点 … 1
二、以粮食为核心的农业推动人类文明发展 … 10
三、先进的粮食生产是国家强盛之本 … 19
四、粮价是一切价格体系的定海神针 … 23

第二章　苦涩的记忆——曾经的难忘岁月 … 29

一、忆苦思甜 … 29
二、父亲的眼泪 … 33
三、牢记历史的教训与经验 … 41

第三章　可敬的农民——支撑温饱与发展 … 50

一、帮乡亲收获玉米的"收获" … 50
二、农民的品质——上善若水 … 52
三、农民的传统与农业农村转型 … 58
四、保障农民收入水平是硬道理 … 62

· 1 ·

粮食的分量——沉甸甸的压舱石

第四章　可贵的压舱石——粮食丰收的战略意义 …………… 73

　　一、高分、高票与高产 ………………………………………… 74
　　二、全民炼钢、以粮为纲与口粮绝对安全 ………………… 80
　　三、手中有粮，心里不慌，脚踏实地，喜气洋洋 ………… 87
　　四、永不忽视粮食的历史"决定力" ………………………… 99

第五章　腹饱莫忘有饥饿——节约粮食就是珍惜幸福 …… 108

　　一、粮食危机与稀缺 ………………………………………… 108
　　二、"稀缺性"不可忘却 ……………………………………… 121
　　三、节约粮食就是珍惜幸福 ………………………………… 127

附录一　中华人民共和国反食品浪费法 ……………………… 139
附录二　粮食节约行动方案 …………………………………… 145
附录三　中央农办负责人就《粮食节约行动方案》答记者问 … 151
附录四　粮食问题回忆录 ……………………………………… 156

参考文献 …………………………………………………………… 173
后记 ………………………………………………………………… 175

· 2 ·

第一章

沉甸甸的分量
——人类的重中之重

吃是人类的本能。

一个小婴儿，从呱呱坠地那刻起，就开始了贯穿一生的一件事情。那就是：吃！

一个新生儿，要成长，必须摄取食物，吸收养分，汲取能量。人类社会，要存在，要发展，何尝不是如此呢？寻找食物、填饱肚子、获取能量，是我们远古祖先在人类诞生之初，每天最重要的事情。此后，关于吃的最重要的载体——粮食的故事，贯穿了人类的历史。

一、生产粮食是人类社会成熟和发展的起点

说到粮食，你会想到什么？我们现代人自然会想到日常生活中的米面。这些都属于粮食，也就是人们常说的主食。对于生活在21世纪的当代中国人来说，一日三餐、丰衣足食好像是天经地义、自然而然的事情；粮食每天日用而不觉，仿佛是天然就有，想吃就有得吃。但是，果真如此吗？随着人们生活水平的提高，可选择的食物种类越来越丰富，人们对主食的摄入量与过去相比大为减少，主食的需求、粮食的分量好像降低了。但是，果真如此吗？

你有没有思考过：这些粮食是与人类社会一同来到地球的吗？在人类进化的开始，就有粮食可以食用了吗？粮食是人类的"天然"食物吗？粮

 粮食的分量——沉甸甸的压舱石

食仅仅是填饱肚子的功用吗？它与人类社会的文明进步、社会变迁、政治经济发展等到底有着怎样的因果关联呢？粮食的分量是在不断加强还是降低呢？

现在，就让我们暂且穿越漫长的时空隧道，回到最初的原始社会，去真切体验一下我们远古祖先的生活，去重新经历一番我们人类社会的发展变迁，去深刻感受我们人类赖以生存的粮食的分量吧。

（一）

人类有记载的历史仿佛只是冰山一角。而冰山之下潜藏的，是只能通过地质考古才能探测分析到的漫长的人类进化史。

这是一段遥远而漫长的历程。在地球史的第四纪更新世，猿类中的某些群落开始向人类进化。

我们中国是早期人类起源的发祥地之一。

根据最新的考古发现，4 500万年前在我国山西垣曲盆地生活的灵长类动物世纪曙猿，是人类迄今为止已经发现的最小的灵长类动物。在曙猿化石从山西省垣曲县古城镇寨里村被发现之前，世界上最早的高等灵长类动物化石发现于北非法尤姆，距今约3 500万年。垣曲世纪曙猿的发现，把类人猿出现的时间向前推进了1 000万年，推翻了"人类起源于非洲"的论断。

此前早已发现的云南禄丰古猿、湖北郧县南猿、云南元谋猿人，直到蓝田猿人、北京猿人、和县猿人，构成了从800万年前至20万年前猿人发展进化的完整序列。要经过多少代猿人的新陈代谢、自然世界多少个阶段的无情磨砺，然后要跨越社会发展的多少个境界，"我们"才得以成为"我们"啊！

我们只有知道自己是从哪里来，才能更清楚地知道我们要到哪里去。向历史深处掘进的有多么深邃，向自然空间探索的有多么辽远，我们的人类社会未来发展才会有多么光明。

通过星罗棋布、不计其数的原始人类遗址，大概可以得出这样的判断：早在260多万年前的旧石器时代，原始人已经可以制造简单的工具了。这些本领让他们远远胜过周围的其他动物。

第一章 沉甸甸的分量

但是，在学会种植和生产粮食之前，古人类一直生活在茹毛饮血的野蛮时代。正如历史学家斯塔夫里阿诺斯所说，"从另一个基本方面来说，他们与其他动物仍然十分相似：他们仍像猎食其他动物的野兽那样，靠捕杀猎物为生，仍像完全依靠大自然施舍的无数生物那样，靠采集食物谋生。而且由于人类当时依赖大自然，所以也就受到了大自然的支配。为了追猎动物、寻找野果或渔猎场地，他们不得不经常过着流动的生活……"

虽然史前时代几百万年的进化使一部分灵长类动物逐渐转变为人类，具有了思维能力等现代人类的遗传特质，但在学会种植粮食之前，人类祖先不过是一些坐享大自然恩赐的狩猎者和食物采集者，他们不仅任由大自然摆布，而且在整个动物界，不过是弱肉强食的"食物链"中的一环而已。

考古发现的化石也说明，旧石器时代的原始人，尽管有了石器做武器，但也还是过着"茹毛饮血"、与虎狼为伍的野蛮生活。他们以采集野果和捕猎动物为生，但同时自己随时也可能被更凶猛的动物猎食。他们与别的靠捕猎动物生存的野兽不同之处仅在于，猛兽靠牙齿猎食，而猿人靠的是手中的石头。

直到一万多年前进入新石器时代，人类才开始经营农业，并开始定居，从此逐步结束野蛮时代。从旧石器时代到新石器时代，从渔猎采集到农业的发生，人类这一转变的关键不仅仅是由"食物采集"变为"食物生产"，更重要的是把原本不在人类食物范畴中的"草籽"驯化成了"粮食"。

就我国而言，从30万年前到约1万年前，是我国的旧石器时期。在这漫长的令现代人无法想象的时间里，第一堆篝火、第一件石器、第一副弓箭开始出现，最初的科学技术开始悄悄萌芽。

从1万年前左右到约4 000年前，是我国的新石器时期。6 000年左右的时间，相对于过去几十万、几百万年的漫漫岁月，短暂的仿佛只是一季。而就是在这个时期，原始的农业、畜牧业诞生了，原始的建筑、纺织、陶器、皮革、手工制造业也已经初具雏形，科学技术的发展初露端倪。在这个时期，尤为重要和特殊的发明是，文字产生了。

在有文字记载之前的历史，人们以神话传说的形式想象着、描绘着、

· 3 ·

粮食的分量——沉甸甸的压舱石

传颂着。古老的中国，有两位传说中的农业开辟者神农和后稷。神农教民稼穑、神农尝百草和后稷教民稼穑等关于农业的传说，都广为流传。

传说中的神农生长在西北的姜水流域（今陕西岐山一带），他第一个率领人们改变了茹毛饮血的生活习俗，开垦土地，播种五谷，从此有了农业这一事业，人们尊称他为神农。后稷是周人的始祖，也是周人的农神，他开创了周人的部落，开创了周人的农业。

这些带有神话色彩的故事，可以看做是人类对远古时代农业出现和起源的模糊记忆。但实际上，五谷不可能从天而降、突然有一天就出现了，粮食也不可能是某一个人发现、发明的，这些种子的发现、培育必然是经历了一个较为长久的过程，可能是偶然因素与人为因素共同作用的结果。不过，这些神话传说也从另一侧面给我们带来了启示和提示：粮食并不像野果鱼肉那样，是人类"先天性"的食物，而是一种"后天获得"。

而正是这种"后天获得"，正是这种在大自然中的主动作为和主观改造，可以说成为了人类社会的"关键一跃"，成就了稳定推动人类文明发展进步的重要一环。当然了，这是后话。

（二）

在进入农业时代之前，远古人类是以狩猎和采集为生的，食物构成主要是动物、果蔬和坚果，原本是"草籽"的粮食还没有纳入人类的食谱。

我们可以想象这样的画面：天亮了，我们的祖先从山洞中走出来，开始到周围去寻找食物。这一天当中，他们或许是到山上去采摘野果子，或许是到荒野上去挖掘到可以直接生吃的植物的地下块茎，或许是寻找到了可以充饥的野草，或许是碰到一只野鸡或者野猪之类的动物，也许从他们眼前逃跑了，也许被他们捕获了。如果能够顺利采摘到果子，捕获到动物，他们这一天就不会挨饿。但是如果很不走运，他们碰巧没有打到猎物，又或者时值隆冬季节，所有的植物都凋败了，没有果子可以采摘，没有野草可以食用，于是他们就只能饿着肚子。可以说，每天一睁眼就在为吃的发愁，每一天都在寻找吃的，每一天都存在着巨大的偶然性和不确定性。

而从吃的角度来讲，并不是所有的野生动植物都可以食用。在野生的

第一章 沉甸甸的分量

动植物物种中,只有很少一部分可供人类使用,或者值得猎捕采集。也许在漫山遍野的大地上,动植物看似丰茂多样,但多数是不能成为人类的食物的。因为有的不能消化,比如树皮;有的有毒,比如有毒的蘑菇、果子;有的营养价值太低,比如某些青草;有的吃起来麻烦,比如很小的干果;有的采集起来困难,比如大多数昆虫的幼虫;有的猎捕起来危险,比如犀牛,等等,不一而足。陆地上大多数生物量,也就是活的生物物质,都是以木头和叶子的形态而存在的,而这些东西大多数人类都不能消化。

另外,我们现在所谓的狭义的粮食概念,原本都是"草籽",在采集或渔猎阶段的远古人类食谱中,最初是没有此类食物的。那么,为什么人类早期没有把"草籽"纳入自己的食谱呢?有研究者分析,主要是有两方面原因。一是粮食都不能生吃,必须事先加工熟化,这就给人类食用粮食增加了许多难度和成本。二是粮食作物都是由野草驯化而来的。在驯化之前粮食作物跟所有的植物一样,它们的种子不会同时成熟,而且成熟之后会随时撒落,这就给采集和收获增加了很大的难度,阻碍了人类对这些植物的食用。

说到这里,我们可以发现,从"草籽"而来的粮食有其特点。绝大部分的粮食是不能生吃的,这是由植物的性质和人的消化功能决定的。其他所有动物的食物,都可以直接被食用。而只有人类的粮食,却必须经过蒸煮或烧烤等手段熟化以后才能被消化。粮食跟人的其他类食物也是不同的。水果是生吃的,大多数蔬菜也都可以生吃。鱼和肉虽然也要经过烹调,但主要是为了更加美味,实际上并非不能生吃,比如现在不少地方还喜欢吃生鱼片、刺身之类,都说明生的鱼和肉是能够直接食用的。但是,只有粮食不能生吃,否则人的消化系统就无法接受,就会生病。粮食和一些薯类比如土豆,都不能生吃。许多植物的籽实中含有植物凝集素、阻酶剂、植酸盐和糖苷等多种"反营养素",这些非营养物质不但没有营养价值,而且被人体吸收后还会产生不同程度的毒害作用。比如,阻酶剂具有防止粮食分解的作用,所以粮食在自然状态下不容易腐烂变质,这一方面显示了粮食的巨大优势——能够储存,另一方面也使得人类很难直接消化粮食;植酸盐可以防止粮食中的矿物质如铁、锌、钙的流失,但也致使粮食中的矿物质难以被人体吸收;糖苷可防止粮食中的一些维生素的流失,

粮食的分量——沉甸甸的压舱石

同时也会使人体难以吸收粮食中的维生素。此外，粮食不能生吃的另一个原因，是所有的谷物种子以及多数薯类都含有大量淀粉。这些淀粉如果不经过加热，人体消化道中的消化酶是没法消化的。即便是加热了，但是没有做熟，也会发生肚胀、腹泻、呕吐等疾病。我们大家生活中大概都有过这样的体验。

对于作为粮食的"草籽"，我们现代人当然可以通过生物学等学科的研究，去推测人类社会初期的各种可能和原委，但我们的远古祖先绝不可能有这么深入的了解，更不可能知道"植物凝集素"等专业术语。即便如此，这些都不能阻挡我们人类的祖先探索世界的脚步。

（三）

可以想象的是，我们的祖先最开始是完全依赖外部世界，靠大自然的赐予存活的。采集与狩猎，是最简单的食物获取方式。人类不参与这些食物的生长过程，只需去所能活动的区域到处寻觅，只需在果子成熟时抬起手臂，只需给猎物以致命的一击。但问题是，能够寻觅的半径总是有限的，果子不是任何时候都会成熟，可被捕杀的动物也不会随处可见。所以，我们的祖先经常是过着饥一顿饱一顿的日子，勉强维持生命。如果接连遇上不够幸运的时候，饿死可能是时常发生的事情。全然受制于外界环境、自然天气，所有的因素都是不可控的，一切都是极端被动的。冬季到来、干旱或洪涝发生、天气突变等都可能成为不利因素，导致不幸的降临。

那么，粮食生产究竟是从什么时候开始的呢？

近年来，科学家通过骨化学手段对古人类化石进行测试，来研究远古时代的人类食谱。尼安德特人是在欧洲发现的早期人类，大约生活在距今20万至3万年期间。有学者认为他们与早期现代人曾经共存，但不是现代人的直接祖先，也没有留下后裔。根据对法国、比利时、克罗地亚等同位素碳13和氮15测定，分析认为欧洲尼安德特人的食物结构以肉食为主，主要来源于当地的食草动物。

而对距今1.3万年英国南部Gough和Sun Hole洞穴现代人遗址和对距今两万多年的捷克、俄罗斯等现代人遗址的同位素测定，这些古人类的主要食物来源是淡水类动物，如鱼、贝类和水禽等。

对古人类化石进行的骨化学分析证明，人类食物结构在全新世的新石器早期阶段才发生了巨大变化，由以动物性食物为主，转向植物性食物为主。20世纪80年代初以来，通过对我国仰韶、陶寺、贾湖等著名考古学遗址出土的人类和动物骨骼进行同位素的分析研究，证明进入新石器时代以后，中国人食物结构北方主要以小米为主，而南方以稻米为主。

以河南舞阳贾湖遗址的古人食谱分析为例。贾湖遗址是1960年初步发现，1980年被确认的新石器早期文化遗存。时间段是在距今9 000～7 800年，属于原始农业发生的早期阶段。

研究人员把贾湖遗址的文化层由下而上（时间阶段是由远及近）分为九段，对其中发现的骨化石分别做了骨化学测定，对其中锶钙比值以及碳13和氮15稳定同位素含量进行对比。研究结果认为，在遗址文化层的最初阶段，贾湖先民食物的主要来源为狩猎、捕鱼获得的动物性食物，以采集的植物性食物占辅助地位。随着时间的推移，采集食物的比例逐步增加，在第四、第五段达到高峰。从第六段开始，动物食物的比例有所回升。

根据微量元素和稳定同位素分析的研究成果，研究人员推断：贾湖先民最初以狩猎为主，采集为辅。之后，采集食物的比例逐渐增加，至第四、五段达到高峰。与此同时，捕捞业也较为盛行。自第六段始，稻作农业得以逐步推广，家畜饲养业随之发展起来。

以上这些研究实例显示，来源于草本植物籽粒的各种谷物或粮食，并不是人类与生俱来的天然食物来源。在进入新石器时代之后，人类的食物结构才产生了翻天覆地的变化。

（四）

我们人类是怎么从采集渔猎时代进入到以吃植物籽粒为主的农耕时代的呢？或者说，原始人为什么在经历了数百万年的狩猎采集生活后，选择了种植作物和驯养动物来谋生呢？古人为什么最终发明了"农业"这种生产方式呢？

有学者断言，粮食生产的开端是无意识的。就像今天，我们面对很多发生的事情一样，不可能明确所做出的选择所带来的影响，更何况几百万年前那些在智力与知识掌握方面与当今人类有着显著差距的人类祖先。或许某位人类祖先发现了一种可以食用的大面积野生生长的植物，或许是有一天因收获颇丰，一只被捕获的猎物被暂时圈养了起来。自此，人类便在不经意之间被带入了农业社会。从那时起，播种了的土地和在围栏中圈养的动物，成为了人类的不动产，人类社会便进入农耕时代。当然，这只是作为后人根据合理想象做出的推断。

还有一种观点是"气候灾变说"。这种假说认为，距今约 12 000 年前，出现了一次全球性暖流。随着气候变暖，大片草地变成了森林。原始人习惯捕杀且赖以为生的许多大中型食草动物突然减少了，迫使原始人转向平原谋生。他们在漫长的采集实践中，逐渐认识和熟悉了可食用植物的种类及其生长习性，于是便开始尝试植物种植。这就是原始农业的萌芽。农业被发明的另外一种可能是，在这次自然环境的巨变中，原先以渔猎为生的原始人，不得不改进和提高捕猎技术，长矛、掷器、标枪和弓箭的发明，就是例证。捕猎技术的提高加速了捕猎物种的减少甚至灭绝，迫使人类从渔猎为主转向以采食野生植物为主，并在实践中逐渐懂得了如何培植、储藏可食植物。大约距今 1 万年左右，人类终于发明了自己种植作物和驯养动物的生存方式，于是我们今天称为"农业"的生产方式就应运而生了。

以上两类判断和观点，笔者既有认同的部分，又有不认同的地方。偶然现象的确会碰到，气候变化肯定是重要因素之一，戏剧性的事件在人类历史长河中也会时有发生，但是人类发明"农业"进入农耕社会，绝不是那么轻巧、那么无知、那么被动的。这其中必然加入了人的主观能动性。

再回到"神农尝百草、教民稼穑"的故事。可以说，这个故事高度浓缩了我国远古时代进入农耕社会的整个历程。先人们中间总是有一些像神农一样聪明智慧的人，他们善于观察、善于发现、善于思考，能够主动地去利用自然环境、天地万物，来改善人类的生存处境。自从学会钻木取火后，不仅能够烧火御寒，还发现将捕获的猎物烧烤后，吃起来会更香更美味。同时，在"尝百草"的过程中，先祖们发现虽然有些植物的籽实不能生吃，但是加热变软成糊状之后，不仅不会再腹胀难受，反而还变得可口美味能够果腹。这种烹调熟化的过程，既是人类用外在的技术手段弥补了

第一章 沉甸甸的分量

遗传获得的消化功能的不足，又因此获得了较为稳定主动的食物来源。

粮食，之所以能成为人类的食物，完全是人类逐步发现之后的发明，是一种后天获得。

还有人追问，从采集渔猎时代进入到农耕时代，这一变化到底是农业产生的结果，还是农业产生的动因呢？应该说既是果，又是因。这种变化需要契机，这个契机是被动形势下的主动选择，是偶然因素后的必然之举，是漫长量变后的质变飞跃。

在自然界物竞天择规律的作用之下，那些纯粹依靠采集渔猎、没有稳定食物来源的族群消亡了。那些完全可以依赖大自然的馈赠、不用担忧没得吃的族群绵延了下来，但正因为可以不劳而获，于是其他方面的发展，比如农业系统、更复杂的社会系统等可能会因而止步。

据调查，居住在沙漠边缘地区布须曼人的食物是以一种野生坚果为主。这种坚果在当地出产很丰富，营养价值很高，所以这里的布须曼人不存在食物短缺的问题。相比于附近的农耕族群，布须曼人的生活很悠闲。这里结婚以前的年轻人是不用参加劳动的，只有20～60岁的成年人才需要参加生产活动，他们的劳动强度也并不很重。据统计，成年劳动人口平均每周劳动时间只有2.5天，每天以8小时计算，每周成年劳动人口只要干20小时，即可维持整个生活群体的生活所需。调查人员曾询问一个当地的布须曼人为什么不从事农业种植，得到的回答是：有这么多吃不完的坚果，我们为什么要种地？

也有另外一种情况。人类学家对加拿大境内的奈特西里克爱斯基摩人（Netsilik Inuit）和日本北海道的阿伊努人（又称虾夷人）的考察证明，即使是人类社会普遍进入农业社会几千年以后的近代和现代，这些以狩猎和采集为生的古老部落，也没有放弃原有生存方式的主观欲望。甚至在遭受自然灾害或资源不足的情况下，他们也宁可采取节制生育的办法（如溺婴等）来把人口控制在与生态资源相适应的范围，也不会轻易改变自己的生活方式。

放眼全球，直到进入近代甚至现代社会以后，世界上不少地方依然有一些部落族群过着渔猎采集的古老生活方式。例如我国的赫哲人、鄂伦春人；俄罗斯西伯利亚的奥斯加克人（Ostyak）、吉利亚克人（Gilyak）；印

粮食的分量——沉甸甸的压舱石

度的先朱人（Chenchu）、科瓦人（Korwa）；澳洲的波利尼西亚人（Polynesians）；北美洲的爱斯基摩人（Eskimo）；非洲的俾格米人（Pygmies）等。

这些始终过着采集渔猎生活的部落族群，其存在有其独特性。但是地球上大部分区域的人类居住者，却不可能一直得到那么丰饶富足的自然恩赐，不可能永远不用面对气候变化造成的生存环境恶化。同时，自然之道往往又是那么奇妙，正是那些在被动逼迫之下主动求索、在自然偶露峥嵘之后不懈追求的族群，才得以生生不息发展进步，衍生出了灿烂悠久的人类文明。因此，很难简单地去评判是不幸还是幸运。作为社会发展根基的粮食，是一切差异的源头。

总而言之，在人类历史的时间轴线上，粮食生产出现、稼穑农殖产生这一事件，具有无与伦比的非凡意义。尽管粮食诞生的过程不是一蹴而就的，但在人类历史长达700万年的时间轴上，这一过程仍旧可以被当做一个刻度来叙述，可谓是人类社会的"关键一跃"。

二、以粮食为核心的农业推动人类文明发展

在粮食生产出现之后，人类社会较之以前便开始进入了快速发展的阶段。从那一刻起，人类社会的演进加速向前发展，社会迭代速度更是有了质的飞跃。从这个层面来讲，餐桌上那碗对于现代人类而言早已稀松平常的主食，似乎变得更加神圣起来，它不仅仅是支撑人类生命活动的重要能量，更是推动社会发展进步的重要媒介和催化剂。可以说，粮食生产是人类社会其他一切活动的开始，生产粮食是人类社会文明重要的开端。

除了能够提供蛋白质和热量，粮食不同于人类在渔猎采集时代所有食物的显著特征是，粮食具有便于存储、积累和运输的特性。正是因为粮食的这些特征，人类生产的"剩余"才成为可能。在渔猎采集生计模式下，无论是猎获的肉类、鱼虾还是采集的野果，都无法长期保存，因而在渔猎采集时代，"剩余"是没有意义的，因此也不会成为刺激扩大生产的动因。

"剩余"是人类文明的物质基础。没有剩余，就没有积累，就没有所谓"财富"。没有财富的积累，就不会有社会的分工。在一个每个人每天

都必须为自己寻找食物的生计状态下,很难出现专门从事"发明创造"的能工巧匠,也就不会有基于文字的知识传承、积累和传播;当然也不会为争夺资源而引发战争,人类也不会有能力去养活专门从事战争的军队,而没有军队也就不会有真正意义上的国家和政权……

也就是说,如果没有新石器时代发生的农业,如果没有学会种地和饲养,没有把"草籽"变为粮食,没有把野兽驯养成为家畜,那么即使古人类手中的石器再锋利、扔得再远,打死的动物再多,他们的生存方式也不会与普通动物有太多区别。

我们看到,在人类历史上,有些部族,比如古代中国人,是靠自己独立发展粮食生产的;而有些部族,比如古代埃及人,则是从邻近部族学会粮食生产的;还有些部族,在其他民族发展了几千年之后,还处于较为原始的人类发展阶段。人类各族群部落在数以万年的进化中,最终,是主食结构发达的民族孕育出了灿烂的农业文明,并取得了地球上的稳固地位。而其他民族要么被同化,要么在数以万年的残酷生存环境中退化消失了。物竞天择,是人类绕不过去的规律。而一切的源头似乎都可以追溯到粮食生产,发展的巨大差异与有无条件发展粮食生产有着密切的关系。

没有粮食生产,就没有人类文明。正是有了粮食生产,正是进入农耕时代,才为人类社会的持久进步奠定了坚实的基础。有人说,粮食是文明的"种子"。更准确地说,粮食是人类由野蛮走向文明的物质基础。这对于人类演化极具重大意义。

(一)

当人类能够自主生产粮食后,更加稳定的生活便成为了可能。人类要在固定的环境下生产谷物、圈养牲畜,不需要再继续奔波,到处寻找食物,这就使得定居成了必须。狩猎采集社会里的人经常跑来跑去寻找野生食物,但农业生产者必须留在田地附近耕作。

与此同时,饲养驯化动物也相伴出现。牲畜在四个不同方面养活了更多的人,包括提供肉类、奶脂、肥料以及拉犁。家畜饲养与农耕稼穑相互作用,用以增加农作物的产量。首先,用动物的粪便做肥料可以提高作物的产量。此外,可以用来拉犁耕种土地。这一点上,不管是古代中国还是其他国家都莫不如是。中欧史前期最早的农民，即稍早于公元前5000年兴起的利尼尔班克拉米克文化，起初都局限于使用手持尖棍来耕作松土。仅仅过了1 000年，由于采用了牛拉犁，这些农民能够把耕种扩大到范围更大的硬实土壤，以及难以对付的长满了蔓草的土地上去。

随之而来的是，人口的稳定增加。一方面，动植物驯化比狩猎采集的生活方式能够生产出更多的食物，另一方面，食物的营养及能量也成倍提高。通过对能够吃的动植物的选择、饲养或种植，每亩土地上提供的生物量可能达到了90%而不再是0.1%，人类就能够从每亩土地获得多得多的来自食物的能量。这样，每亩土地就能养活多得多的牧人和农民，据估算，一般要比以狩猎采集为生的人多10～100倍，从而带来更加密集的人口。

随着人类的粮食越来越多，人口越来越稠密，粮食有了剩余和囤积。这时更为复杂丰富的社会系统和形态，各种各样新的职业分化便应运而生。在丰富的行业基础上，有了交换的需求，自然就有了贸易，也就出现了维持社会秩序的必要，同时有了物质保障后，人类自然会去追求更高层次的精神活动、信仰体系。于是，科学、文学、音乐等开始出现，城市、国家也就逐步产生了。这也是人类文明最早在欧亚大陆发展起来的原因，而那些不能很好利用驯化动植物的大陆，其文明则发展较晚，或根本没有发展起来。

粮食作为我们最家常、最本源的生活元素，携带着自身的基因，对人类社会发挥着源远流长的影响。除了文化之外，人类历史的走向，经济的发展等都随着粮食及其结构的演变而变化。

（二）

狩猎采集社会存在巨大的不均衡性：第一天满载而归，而第二天却可能一无所获；春秋之季硕果累累到处飘香，隆冬时节却可能一片肃杀凋敝，无处寻觅吃食。而农耕时代的景象则是，稳定而踏实，春种秋收，春华秋实，一分耕耘总会有一分收获。

"粮食"一词在我国很早就开始使用。比如，《左传·襄公八年》中记载，"楚师辽远，粮食将尽"。《三国志·魏志·武帝纪》中记载，"（袁绍）

第一章 沉甸甸的分量

土地虽广，粮食虽丰，适足以为吾奉也"。对于"粮食"一词的含义，东汉经学大师郑玄曾注云："行道曰粮，谓糒也；止居曰食，谓米也。"我国古人把粮食美誉为"百感交集之物"，称其"凝天地精气，蕴日月精华，承雨露化育，方凝结而成，以济天下苍生"。

我国古代粮食的代称也叫谷、五谷、八谷、九谷、百谷，但以五谷为最多。在原始农业阶段，中国最早被驯化的粮食品种主要有：粟、黍、稻、菽（大豆）、大麦、小麦、薏苡等。饲养的"六畜"有猪、鸡、马、牛、羊、犬等。还发明了养蚕缫丝技术。北方以种植粟、黍粮食品种为主，南方以种植水稻为主。原始农业的萌芽，是远古文明的一次巨大飞跃。

在诸多的粮食作物中，水稻、粟粟、高粱、大豆都是我国培育出的。水稻的故乡毫无疑问是在中国。以往我们有三千年前的包括甲骨文在内的文献证明，有5 000年前仰韶文化遗址与7 000年前河姆渡文化遗址出土的稻谷实物。而1995年11月，在湖南省道县玉蟾洞发现的世界上最早的人工栽培水稻谷粒，距今年代已经有18 000～22 000年，将人类栽培水稻的历史足足提前了一万多年，再次改写了人类的水稻栽培史。

粟粟，俗名谷子，是从狗尾草驯化而成的谷物。最早产生于我国北方的黄河流域。最早的粟粒实物化石，是在山西省夏县西萌村的旧石器遗址中发现的，距今已有五万年之久，是一个遥遥领先的世界纪录。在七千年前的河北武安磁山遗址中，发掘出来的窖藏粟量竟达十万斤左右，可见当时产粟量的巨大。

高粱，最早的实物发现在我国山西省万泉县荆村6 000～7 000年前的新石器时代遗址中。此后，在我国许多地方都陆续出土了高粱籽粒的实物。

大豆，古时称为菽，秦汉以后才称为大豆。考古发掘中的豆类遗物很少见，这是因为豆类实物很不容易保存。尽管如此，我们仍然在河南渑池古城村的仰韶文化遗址中见到了大豆的实物，距今年代有五千多年。虽然出土的实物不多，但世界上都公认中国是大豆的故乡，现在世界各国种植的大豆，都是直接或间接地由中国传入的。

粮食的分量——沉甸甸的压舱石

（三）

　　青铜器时代是我国传统农业的形成时期。考古发现和研究表明，我国青铜器的起源可以追溯到大约5 000年前，此后经过上千年的发展，到距今4 000年前青铜冶铁技术基本形成，从而进入了青铜器时代。在中原地区，青铜农具在距今3 500年前后就出现了。青铜时代在年代上大约相当于夏商周时期。主要标志是，从石器时代过渡到金属时代，原始的刀耕火种向比较成熟的饲养和种植技术转变。原始的采集狩猎经济退出了历史舞台，农业已经发展成为社会的主要产业。

　　夏商西周时期，中国的粮食品种有黍、稷、稻、小麦、大麦、菽、麻等七种。主要的粮食品种是黍、稷。直至明代以前，中国的粮食品种大致如此。在《诗经·小雅》中，农作物的排列顺序是：黍、稷、稻。当时人们很迷信自然，称社为地神，稷为谷神，故将二者结合在一起称为社稷，社稷即成了国家的代名词。

　　春秋战国至秦汉时代，农业进入一个新的发展阶段。铁制农具出现，牛马等畜力开始使用。我国传统农业中使用的各种农具，多数在这一时期发明并应用于生产。这些农具的发明及其与耕作技术的配套，奠定了我国传统农业的技术体系。在汉代，黄河流域中下游地区基本完成了金属农具的普及，牛耕也已广泛实行，大规模水利建设兴起，农业生产率有了显著提高。

　　在春秋战国时期，正是由于铁制农具的出现和灌溉的发展，人们才有条件种植对水土要求较高的菽和粟。虽然粮食作物品种变化不大，但是，作物的结构发生了很大变化。变化的特点是菽（大豆）的地位上升，并和粟一起成为主要的粮食作物。这在中国农业发展史上是一个历史性的变化。从战国到唐代，粟一直是中国北方的主要粮食。西周以前，中国粮食品种以黍、稷为主，其他粮食品种不占主要地位。到了春秋战国时期，开始出现了五谷的概念，表明当时粮食作物的品种初步有了定型。主要粮食品种有：粟（禾、稷）、菽（大豆）、黍、稻、小麦、大麦、麻七种。

　　秦汉时期粮食结构有所变化，主要粮食品种有：粟、稻、小麦、大麦、大黍、粱、大豆。汉代董仲舒建议在关中一代推广小麦。汉魏时期由

于石磨的推广，麦子磨成面粉。这一饮食史上的进步，也促进了小麦生产的发展。魏晋南北朝时期，粮食品种的顺序是：谷（稷、粟）、黍、粱、大豆、小豆、大麻、大麦、小麦、水稻、旱稻。隋唐五代时期，主要粮食品种的顺序是：稻、粟、麦。

以上这几百年间，北方农业得到长足发展。黄河流域形成了以防旱保墒为中心，以"耕—耙—耱"为技术保障的旱地耕作体系。同时，还创造实施了轮作倒茬、种植绿肥、选育良种等项技术措施，农业生产各方面都有新的进步。公元6世纪出现了《齐民要术》这样的综合性农书，传统农学登上了历史舞台，成为总结生产经验、传播农业文明的一种新形式。

唐代开始，稻作农业体系逐步成熟，经济重心向南方转移。唐初全国人口约3 000万，到8世纪的天宝年间，人口增至5 200多万，耕地1.4亿亩，人均耕地达27亩，是我国封建社会空前繁荣的时期。"安史之乱"后，北方地区动荡多事，经济衰退，全国农业和整个经济重心开始转移到社会相对稳定的南方地区。南方地区的水田耕作技术趋于成熟。全国农作物的构成因此发生改变。水稻跃居粮食作物首位，小麦超过粟而位居第二，茶、甘蔗等经济作物也有了新的发展。水利建设的重点也从北方转向了南方，太湖流域形成了塘浦圩田系统，这一地区发展成为全国著名的"粮仓"。

宋元时期，稻麦两熟制逐步形成，双季稻得到推广，明代以后，水稻更加发展，因此有"湖广熟，天下足"的说法。同时，玉米、甘薯、土豆从国外引进，更加丰富了粮食品种。当时主要的粮食品种是：水稻、小麦、谷子、玉米、豆类。

从国外、特别是从美洲引进作物品种，对我国农业发展产生了历史性影响，可谓一次新的农业增长机遇。据史料记载，自明代以来，我国先后从美洲等一些国家和地区引进了玉米、番薯、马铃薯等高产粮食作物和棉花、烟草、花生等经济作物。这些作物的适应性和丰产性，不但使我国的农业结构更新换代、得到优化，而且农产品产量大幅度提高，对于解决人口快速增长带来的巨大衣食压力问题起到了很大作用。

研究表明，也许中国两千多年从北向南的变迁，不过是小麦和水稻这两种农作物的一次接力而已。自从宋朝从越南引进优质品种的占城稻之后，水稻真正担当起了承载中华文明的重任，使得中华文明得以延绵，逃过古埃及文明消亡的命运。而15世纪，从南美传入中国的玉米、土豆等粮食，也许接下了另一个棒，带来了明清时期人口的膨胀。欧洲也深受此影响。与其说人类驯化了玉米，不如说玉米"驯化"了人类。

每一次粮食的环球旅行，农耕文化的变迁，都深远地影响着某一时期、某一地区的人和事，创造属于它们的历史。在粮食作物这个大家庭中，不同作物的"诞生时间"不同，"诞生地"也不尽相同，但演化过程大多是大同小异的，它们所发挥的作用也都是显而易见的。

（四）

自古以来，我国对农业格外钟情。在世界古代文明中，中国的传统农业曾长期领先于世界各国。我国的传统农业之所以能够历经数千年而长盛不衰，主要是由于我们祖先创造了一整套精耕细作、用地养地的独具特色的农业科学技术体系，在农艺、农具、土地利用率和土地生产率等方面长期居于世界领先地位。当然，中国农业的发展并不是一帆风顺的。一旦发生天灾人祸，社会剧烈动乱，农业生产总要遭受巨大破坏。但是，由于有精耕细作的技术体系和重农安民的优良传统，每次社会动乱之后，农业生产都能在较短时期得到复苏和发展。

以农业为核心的产业组织系统，为什么能够维持数千年？协调和谐的三才观是首要因素。

古代中国在先秦时代就产生了著名的天、地、人三才思想，这套思想体系将整个世界视为一个紧密相关的有机体来看待，人和自然不是对抗的关系，而是协调的关系。这一思想渗透到各个具体领域中，在军事上表现为天时、地利、人和，在农业上表现为天时、地宜、人力。古人在生产实践中摆正了三大关系：即人与自然的关系、经济规律与生态规律的关系以及发挥主观能动性和尊重自然规律的关系。这套天地人系统既重视天地等自然的外力因素，又强调人的内在主观能动性，"人"既不是大自然（"天"与"地"）的奴隶，又不是大自然的主宰，而是"赞天地之化育"的参与者和调控者。

这套系统思想将农业生产中最主要的方面作为有机的整体统一起来，

第一章 沉甸甸的分量

进而形成了趋利避害的农时观。

农业是在开放性的自然环境中进行的生产活动，受天气影响极大。天气对农业的影响，主要表现为两个方面：一是时令节气；二是具体气象，必须遵循时令变化来安排农事。中国传统农业有着很强的农时观念。《尚书·尧典》提出"食哉唯时"，把掌握农时当作解决民食的关键。先秦诸子虽然政见多有不同，但都主张"勿失农时""不违农时"。"顺时"的要求也被贯彻到林木砍伐、水产捕捞和野生动物的捕猎等方面。早在先秦时代就有"以时禁发"的措施。"禁"是保护，"发"是利用，即只允许在一定时期内和一定程度上采集利用野生动植物，禁止在它们萌发、孕育和幼小的时候采集捕猎，更不允许焚林而搜、竭泽而渔。而顺应农时最重要的成果就是产出了我国独特的二十四节气。

此外，我国灿烂的农耕文明中，还有很多值得传承和研究的优良传统，如辨土肥田的地力观、种养三宜的物性观、变废为宝的循环观、御欲尚俭的节用观等。农业生产一方面要依赖自然系统提供的"天时"和"地利"等生态环境和条件，另一方面取决于人的努力及其对农作物的照顾。无论是什么天气时令，无论是在什么样的土地上，人力永远是农业生产的行为主体。人在这个结构系统中发挥积极作用，促使农业走可持续发展之路，就能不断从有限中索取无限。勤劳智慧的古代中国人民，将自己的力量发挥到了顶点。中华民族在农业耕作方面运用整体、系统、综合辩证思维寻求农业最佳的生态关系，在能量不断循环中求得永新。

中华民族还曾以其整体性、系统性、综合辩证性思维的智慧对世界文明做出过杰出贡献。有这样一个关于东西方历法改革的故事。古代的东西方祖先在历法方面开始均采用按月亮圆缺的阴历法计算年的时间长度，它为 360 天，随着天文知识增长和天文科学进步，各自先后又采用太阳黄道运动（即回归）二十四节气的阳历法计算年的时间长度，它为 365 天。这两种历法计算年的具体时间上一年有 5 天之差。这两种历法并存并用，在西方历史上曾达到 4 个月的时间差，搞乱了人们的生活。如何解决，西方的智慧是采用择其一的解法。罗马教皇宣布抛弃阴历，即丢掉一种历法功能，在公元前 43 年采用儒略历（即阳历）。东方的智慧是采用综合解法，增加闰月，19 年而七闰不断修正历法，解决了两种历法的矛盾，保持了

粮食的分量——沉甸甸的压舱石

两种历法的功能。这是一个例子，证明中华文明基因的博大和解决矛盾的高超艺术性。

（五）

我国自古以农立国，农业文明曾长期处于领先地位，正是由于具有了粮食生产的发展基础，华夏文明才得以造就和传承。而粮食供给这个最为基本的问题，一直是我国历史上农业发展的头等大事，历代王朝兴替和整个历史变迁，与粮食生产和供给的情况密切相关。

梳理我国历史上的历次农民起义，可以说无不与粮食有着直接的关系。

秦末陈胜、吴广农民起义，刘邦斩蛇起义，项羽吴中起义。

西汉末年，公元 17 年，由樊崇、王匡、王凤领导绿林赤眉起义。

东汉末年，公元 184 年，张角的黄巾起义。

西晋末年，公元 301 年，李特流民起义，312 年，杜弢起义。

东晋（安帝隆安三年），公元 399 年，孙恩农民起义。

东晋（安帝元兴二年），公元 403 年，卢循海岛起义。

南北朝，赵广起义，盖吴起义，破六韩拔陵起义，莫折大提起义，杜洛周起义，鲜于修礼、葛荣起义。

隋朝，瓦岗农民起义，窦建德起义。

唐代，中期西原人民起义，袁晁起义，方清、陈庄起义，裘甫起义，庞勋起义，王仙芝起义，黄巢农民起义，阡能起义。

宋代，王小波、李顺起义，宋江起义，方腊起义，八字军抗金起义，红巾军抗金起义，邵兴抗金起义，钟相、杨幺起义，魏胜抗金起义，红祆巾抗金起义。

元朝，元末农民起义。

明朝，贵州、湖广各族人民大起义，刘六、刘七起义，明末农民起义。

清朝，古州苗民起义，白莲教起义，天理教暴动，捻军起义，太平天国。

由粮食引发饥荒而造成农民起义、朝代兴衰更替的故事不胜枚举。中

· 18 ·

第一章 沉甸甸的分量

国封建时期的社会，一个朝代建立几十年或百年后，人口都会出现暴增，粮少人多，既要满足官僚皇室贪欲，又要满足地主阶级剥削，政府残酷统治下，农民只能留少量的口粮。多方面关系日益无法调和，逐渐激化农民与压迫者的对立矛盾，就导致中国农民起义频繁发生。

农民起义频繁发生的另一个根本原因，无非是封建社会后期土地兼并严重，帝皇王室及后裔无限吞并私有，造成大量农民无地可种，无依无靠，还有就是加上自然天气的因素如竺可桢提出的古代小冰河时段假设，导致田地粮食绝收。没有了收成，大批农民变成饥民流民，被逼无奈也只得造反了。

三、先进的粮食生产是国家强盛之本

人类历史上，诉诸战争的粮食纠纷或者以粮食为"武器"的战争并不少见。粮食战争甚至是大国博弈的终极杀器。对于一个国家来说，不管外部环境如何恶劣，粮食安全是绝对不能出问题的。

粮食是生活必需品，也是极具特殊性的商品。粮食是外交工具，也是国家竞争的有力武器。人类历史上经历过多少次军事战、货币战、资源战，而支撑这些战争的基础都是粮食。"兵马未动，粮草先行"是也。粮食生产和储备关系到一个国家的社会稳定、百姓生存、战争胜负和文明发展，古今中外莫不如此。

在我国古代，把粮食作为国家竞争工具乃至战争资源的故事很多。

春秋时期，吴越争霸，越国战败，越王勾践被迫向吴王称臣，勾践忍辱负重，回到越国后卧薪尝胆，励精图治，发展生产，立志报仇雪恨。

经过长期的秘密准备，越国老百姓吃穿不愁，家家积蓄余粮，军队也训练得差不多了，越王勾践觉得时机成熟，图谋灭吴。为麻痹吴国，勾践向吴国借了1万石①粮食，说越国遇到了灾荒，百姓挨饿，约定第二年归还，吴王夫差见勾践一副毕恭毕敬的样子，一口就答应了。

到了第二年，借的粮食要归还吴国，勾践有点不大愿意，征求大臣的

---

① 石为古代容量单位，1石=10斗。

粮食的分量——沉甸甸的压舱石

意见,说:"如果不归还粮食,吴国可能会借口讨伐我们;如果把粮食归还,就会对吴国有利。能不能找到一个既让吴国找不到攻打咱们的借口,又可以乘机削弱他们实力的两全其美的办法呢?"

文种说:"我看吴王已经非常骄横了,粮食还是要还的,不如我们挑选颗粒饱满的粮食稍微蒸一下还给他们,这样就有好戏看了。"

越王勾践觉得这是一个好主意。

吴国人见越国还回的粮食粒大饱满,爱不释手,于是第二年春天把它们当作良种播种到地里,结果可想而知,种子没有发芽,秋天颗粒无收,吴国于是发生大饥荒,百姓多有饿死,怨声载道,国力大大减弱。

勾践乘机发兵攻打吴国,缺乏粮食的吴国士兵们饥肠辘辘,哪有心思迎战,平日里暗中训练有素的越国士兵如狼似虎,吴国军队一败涂地,兵败如山倒,不堪一击。

不久,越国灭亡了吴国,吴王夫差自杀身亡,越王勾践靠粮食这种武器一雪前耻,报仇雪恨,成为春秋时的霸主之一。

以粮杀人,兵不血刃,令人不寒而栗。另外,历史上还有著名的通过粮食不战而屈人之兵的故事。

2 700多年前的齐桓公春秋称霸之路,正是通过粮食这种最有力的武器给了齐国致命一击。齐桓公,姜姓,名小白。齐国第十六位国君(公元前685—前643年在位),春秋五霸之首,姜太公吕尚的第十二代孙。早年在鲍叔牙保护下,公子小白逃到莒国避难。在齐襄公和公孙无知相继死去后,抢先回国,夺取君位。

小白任内励精图治,起用管仲为相,推行改革,促使齐国逐渐强盛。管仲,名夷吾,字仲,又称管敬仲,是春秋时杰出的政治家、著名的军事家、改革家,以其卓越的谋略辅佐齐桓公成为春秋时第一个霸主。

公元前685年,鲁庄公协助公子纠,与公子小白争夺齐国君位。公子小白先回临淄即位为齐桓公,八月在乾时(临淄区乌河源头处)打败鲁庄公。公元前684年春,齐桓公派大军讨伐鲁庄公。鲁国曹刿论战,在长勺(曲阜北)大败齐师,成为齐桓公称霸道路上的第一块绊脚石。那么,齐国是怎么做的呢?

首先,齐国通过发展内循环,稳定粮食基本盘。齐桓公强调寓兵于

第一章 沉甸甸的分量

农,通过建立轨—里—连—乡四级作战体系,将军民紧密结合在一起。平时军人务农发展农业生产,积极储备粮食。每年春秋以狩猎来训练军队,于是军队的战斗力得以提高。

发动战争,要粮草先行。解决粮草问题的前提,是大力发展经济。当时的社会环境下,周边都是敌对国家,国家之间的贸易往来也不是很繁荣。只有做好国内经济循环,挖掘内生动力,才能富国强兵。因此,管仲根据齐国的经济状况,率先发动经济改革,提出"相地而衰征"的农业经济政策。根据土地的好坏不同,来征收多少不等的赋税。这样使赋税负担趋于合理,提高了人民的生产积极性。

管仲又提倡发展经济,积财通货,设"轻重九府",观察年景丰歉,人民的需求,来收散粮食和物品。又规定国家铸造钱币,发展渔业、盐业,鼓励与境外的贸易,辅助农业经济策略的执行。齐桓公大力推行这些经济政策,齐国经济开始繁荣起来。

接下来第二步,发动舆论战,诱导鲁梁两国百姓织绨。通过实行正确的农业经济策略,齐国的粮食满仓、金银堆积成山,具备了充足的扩张实力。齐桓公问管仲:"鲁国、梁国对于我们齐国,就像田边上的庄稼,蜂身上的尾螫,牙外面的嘴唇一样。现在我想攻占鲁梁两国,怎样进行才好?"

管仲回答说:"鲁、梁两国的百姓,从来以织绨为业。您就带头穿绨做的衣服,令左右近臣也穿,百姓也就会跟着穿。您还要下令齐国不准织绨,必须仰给于鲁、梁二国。这样,鲁梁二国就将放弃农业而去织绨了。"这里提到的"织绨"就是"鲁缟",鲁国人特别擅长生产一种细白的绢布,以轻薄舒服闻名天下。鲁缟之名气流传数千年:"强弩之末,势不能穿鲁缟者也。"

桓公说:"可以。"就在泰山之南做起绨服,十天做好就穿上了。管仲还对鲁、梁二国的商人说:"你们给我贩来绨一千匹,我给你们三百斤金子;贩来万匹,给三千斤金子。"

天价之下,两国轰动,百姓纷纷放弃种粮,改种桑种棉,用以织绨。鲁梁两国国君见到绨价高企,而从齐国买粮食很便宜,于是对改粮为桑棉大加推许。十三个月以后,管仲派人到鲁、梁探听。

两国城市人口之多使路上尘土飞扬,十步内都互相看不清楚,尽是忙

粮食的分量——沉甸甸的压舱石

着运绨的车队,而粮食作物不见一株。时机成熟了,管仲于是让齐桓公改穿帛衣,并自上而下要求全国不再穿绨衣。于是,鲁绨无人再愿购买,销量跌入冰点。接着,管仲封闭关卡,与鲁、梁断绝经济往来。

鲁、梁的绨卖不出去,大量积压,而粮食种植荒废已久,短期无法改种恢复,鲁、梁的百姓都在不断地陷于饥饿,连朝廷的正常赋税都交不起。两国国君命令百姓停止织绨而务农,但粮食却不能仅在三个月内就生产出来,鲁、梁的百姓买粮每石要花上千钱,齐国粮价才每石十钱。很快,鲁、梁的百姓有十分之六投奔齐国。

齐桓公三年,由鲁庄公主婚,公元前683年冬齐桓公至鲁亲迎夫人王姬(周庄王女儿)归齐,齐、鲁两国和好。此外,梁国与齐国本来没有瓜葛,但是梁国也织绨,顺便被齐国摆平。

第三步策略是,买空天下余粮,所有国家都掉入同一个坑。管仲除了高价忽悠鲁国、梁国织绨,还同时高价忽悠莱、莒两国砍柴,高价忽悠楚国捕捉生鹿,代国捕狐,衡山国制造械器,忽悠这7个国家全都放弃粮食生产。

公元前683年,7国同时大闹饥荒,其他国家没有余粮接济他们,别无选择,最终全部投靠了齐国——因为天下余粮都被齐国收储了。费时不到2年,制服了鲁国、梁国、楚国、代国,吞并了莱、莒、衡山。把7个国家同时一网打尽,好大的一盘棋!在军事上没有达到的目标,却在外贸中实现了——最普通的粮食与纺织品贸易,还避免了流血牺牲、战火毁坏。

"鲁绨之谋"也罢,"楚鹿之谋"也罢,"衡山之谋"也罢,其实说穿了很简单,无非是利用对方短视与幼稚,相信自由贸易是无条件存在的,以高价诱使敌国放弃本业,追求某种商品的畸形利润,最终打贸易战造成敌国经济瘫痪。其实,鲁绨、生鹿、兵器都不过是炒作的噱头,粮食才是压垮敌国经济最重要的砝码。粮食不是一天可以生产出来的,没有粮食,手里有多少黄金都没用。

古希腊文明的发展历程,同样也让人感受到粮食问题对人类历史和社会文明发展的深刻影响。

在古希腊神话中,有成百上千个大大小小的神,在奥林匹斯山上住着十二位主神。这十二位主神中,有一位专门掌管世间农业生产的女神——

第一章　沉甸甸的分量

丰收女神德墨忒尔。在古希腊人的心目中，农业生产十分重要。神不吃不喝就可以长生不老，人若没有粮食吃，生存就成了问题，更何谈文明发展。丰收女神的重要性不容置疑，自然成为古希腊人最崇拜的女神之一。

神话是人们的想象，却反映了生活现实。有关丰收女神的神话展现的是古代人类企盼粮食丰收的美好愿望，以及人类对自然灾害的担心和恐惧。农业丰收、粮食安全在任何社会、任何国家都具有无比的重要性。古希腊文明的发展史诠释了粮食问题的重要性，也形象地解读了郦食其"民以食为天"的道理。

四、粮价是一切价格体系的定海神针

美国前国务卿基辛格在20世纪70年代曾经说过："谁控制了石油，谁就控制了所有国家；谁控制了货币，谁就控制了全球经济；谁控制了粮食，谁就控制了整个人类。"这句被广泛引用的名言既是对人类既往历史现象的精辟总结，又是对未来人类社会的深刻警示。

这个"控制论"，可以说论证了即使在现代社会中粮食仍然具有基础地位和顶级重要性。货币或石油之所以重要，那是因为粮食生产或供给没有出现问题；而一切物品或服务价格体系的建立与维持，可以说都是以此为前提的。

如果一个社会在保障粮食生产上出现了大问题，那么许多其他产业或行业还要不要和能不能存在就会成为问题。农业的第一产业属性或许正基于此。

（一）

单独说食品和金子孰轻孰重，古今中外都有不少故事。

有这样一则外国寓言故事——

阿巴斯是一个穷苦农民，他为了养家活口，一天到晚干活。他老是在想摆脱贫困的办法。

有一个大热天，阿巴斯像平常那样在田里干活，他感到十分疲劳，就坐在树下，想：如果真主安拉给我一种魔力，让我用手碰到的东西都变成黄金，我就不用这么苦干了，就能过着满足而舒服的日子了。

这时，他突然听到说话声："阿巴斯，现在你可以得到你所要的东西了。你把手一放到任何物品上，它马上就会变成纯金。"

阿巴斯不相信自己的耳朵，但他还是从地上拾起一块小石头。他的手刚碰到石头，石头就马上变成了纯金。然后，他又碰了一块石头，石头又马上变成了黄金。阿巴斯高兴坏了，心想：我马上进城去，要把所有的灰尘和石头都变成金子，然后买许多田，在河岸上盖一座宫殿，周围都是花园。我还要买许多鞍马，给它们穿上漂亮的衣服……

这时他想站起来，但感到累得要命，又饿又渴，他明白自己是走不动了。他想吃一点早晨从家里带来的东西，伸手拿了一块饼，但放进嘴里的饼却变成了金子，根本不能吃。

袋里还有两颗大蒜，阿巴斯又去拿大蒜。但当他的手碰到大蒜后，大蒜也变成了金子。他是多么懊丧啊！阿巴斯害怕了，在这一片金子的世界里，他怎么生活呢？这样下去，他很快就要饿死渴死的，而直到那时，他不花任何劳动得来的黄金，还没来得及享受一番呢！

阿巴斯越想越害怕，这时他一下子睁开了眼睛，看见自己是躺在树影下，明白自己原来是在做梦。

他深深地叹了一口气，肩上好像卸下了一座大山。他自言自语地说："光荣属于真主，幸好这一切都是梦！"

古今中外，围绕粮食与金子的价值，孰轻孰重、孰贵孰贱，人们有过很多深入透彻的思考。其背后蕴藏着深刻而又简单的内涵，即，粮食及由此衍生的其他食品，是人类的生活必需品、生存必需品、生命必需品。没有了它，人的生命便难以存在，更遑论其他。

（二）

温饱是国计民生的根本。相对于温，饱更重要。与粮食生产密切相关，粮价是社会状况、经济形势、贸易流通的风向标。说到底，百姓吃饱，关系到国家的政局稳定。

早在古代，统治阶层就特别重视粮食价格问题。《管子·轻重篇》指出："凡五谷者，万物之主也。谷贵则万物必贱，谷贱则万物必贵。"这一判断至今都是十分精准的。

细心的人会发现，社会上的各种商品并不是同步上涨的。比如房产，20年以来，不少城市的房价都有10倍左右的增幅，远远超过了社会平均通货膨胀率。与房价对照，粮食的价格上涨却十分缓慢。从基本的粮油价格来看，2000年山西省小麦收购价格是0.57元/斤，而2019年国家在小麦主产区的最低收购价格是每50千克112元，也就是1.12元/斤。这样算起来，20年间小麦价格上涨了96%，远远低于同期的通货膨胀率，甚至赶不上同期水果和蔬菜价格的上涨幅度。

像所有政治清明、社会稳定时期一样，这里体现了"谷贱则万物必贵"的状况。而"谷贵则万物必贱"的状况，往往出现在社会动荡乃至战争时期，是任何清醒的统治者都要千方百计避免的。这两者之间，需要清醒认识的就是粮食生产的极端重要性、粮食商品价格的独特性、粮食生产者的公益地位。

粮食实在是最为特殊的商品。粮食产业具有公益性、弱质性、风险性和生态性等特征，与教育、环保等一样，具有公共产品的属性。从粮食需求方，即消费者角度看，粮食必须是供给充足且价格平稳、供应及时，也就是说，其供应弹性非常低，国家必须像提供公共服务一样，建立健全粮食生产体系、储备体系、供给体系，并保持有效的粮食供给和保障能力。因为哪怕是暂时的短缺或价格暴涨，都可能引发抢购风潮甚至骚乱。粮价是百价之基，如果政府无所作为，不能确保粮食物资及时充足供应，将会带动物价的全面上涨，影响国家宏观调控。我国人口众多，粮食需求具有放大效应，粮食供给保障更具有特殊性和艰巨性。

从粮食供应方，也就是农民角度看，粮食生产不同于工业生产和工业产品，不具有过程的可控性和产品的耐储藏性，粮食的供应弹性很低，在刚性货币需求压力下，农民手中留不下粮食，他们更容易被迫卖粮，出现"谷贱伤农"的情况。粮食生产与消费在空间上存在错配，确保产区有种粮积极性、销区粮食供应充足且价格稳定，国家必须承担宏观调控责任。

不得不说，粮食还有另一重要特性，更加决定了粮食的特殊性。那就是粮食是刚性需求品，缺乏弹性。在供给相对充裕的时代，粮食丰收是好事又是坏事。我们经常能看到的一种现象，"谷贱伤农"。农产品的价格跟

粮食的分量——沉甸甸的压舱石

自身的特性有关。按经济学的说法叫做"刚性需求弹性",按心理学的说法叫"低层次需求"。作为消费者,我们多吃一点就吃撑,少一点就饥饿,价格对于需求的调节作用相对有限。换成通俗的说法就是:"想象一下你现在饿着肚子,你一碗饭都吃不到的时候你感觉你要饿死了,当你吃第一碗饭的时候你狼吞虎咽,吃完第二碗你觉得稍微有点饱了,吃完第三碗你彻底饱了吃不下,再吃第四碗你可能就要撑到想吐了。"这就是刚性需求品的特点:①生存必需品,没有就会死人;②供给一旦过了基本的需求量,市场需求就会大幅度下降;③价格的变化不是线性的,快饿死的时候金银珠宝都难以换口饭吃,吃撑的时候宁愿摆到变质发霉也不会再碰一下。

跟农产品相对的,是奢侈品,是需求富有弹性的产品,没钱的时候不会去碰,有钱的时候多多益善。再假想一下,你一套房子也没有的时候,可以租房,当你有一套房的时候你很开心终于有自己的家了,当你有两套、三套、四套的时候,你会嫌弃自己房子太多住不完么?

同时,在社会稳定情况下,粮价是一切价格体系的定海神针。粮价是百价之基。作为基本食物生产原料,粮价上涨会带动其他农产品加工、相关工业品生产的价格上涨。2018年我国猪肉减产,猪肉价格马上上涨3倍,CPI直接破4%。如果粮食稍微不够吃,粮食价格会直接上涨10倍、20倍,甚至更多倍,CPI破20%不是不可能。粮食价格一涨,大多数东西都要涨价。如果一个国家缺少10%的粮食,粮食价格上涨10倍轻轻松松,最后甚至会危及政权。如果缺少10%的粮食供应,饿死肯定不止10%的人,因为有少数人会囤积粮食。因此说,一粒粮食可以绊倒一个国家,毫不夸张。

总之,粮食极为特殊。粮食供求关系和价格是挂钩的,但挂钩不是线性关系,因为粮食一旦出现明显缺口,可能就会发生难测的影响社会稳定的情况。举个例子,有100个人,但是食物只够99个人,有一个人要饿死,其他人为了不成为饿死的那一个,愿意出多少钱活命?出不起钱也不愿饿死的人们又会怎样?

(三)

美国是怎样用粮食控制世界?简言之,就是利用干预机制来控制供应量的办法来保持有利的世界市场价格，运用粮食这种战略武器为本国谋取高利，控制别国或把他国的发展纳入自己的发展轨道。

2020年全球粮食的总贸易量是2亿吨的样子，而全球粮食产量是27亿吨，也就是说绝大部分还是自产自销，但是，就是这不到10%的贸易量，只要稍微拨动一下，就能让怕饿肚子的人哄抬粮价。

美国是全球第一粮食出口大国。美国把很多低端加工业都包给了外国，但把核心命脉的产业全部留在了国内。

什么是美国的核心命脉产业？

高科技产业和农业。

美国向农业投入巨额财政补贴，并扶持一切可以提高农业产量的科技公司。美国的粮食产量高，人均粮食产量达到1 200千克以上，其中还有很多是大豆。要知道，每亩地的大豆产量，只有主粮的1/3。美国每年有2/3的农产品用于出口，农产品出口占美国出口总额的12%上下。最终，美国的产业形成了两头强中间弱的局面。

对当代世界有重大影响的美国农业政策，要追溯到20世纪30年代的大萧条时代。正是为了解决大萧条给农业带来的重创，保护本国农民利益，保护农业，美国开始对粮食进行储备来稳定粮价。同时，美国开始了给农民进行补贴的历史。于是，一条美国战后粮食政策链就这样编成了——美国农民向世界提供粮食，而美国政府则给农民补贴，资本渗透进农业，攫取了美国政府的大量补贴，从而得以在全球推销低价粮食。而各国在低价粮食的倾销之下，逐渐丧失粮食自主权。美国粮食巨头公司和美国国家政权结合而成的"粮食帝国"得以掌控全球的粮食主权，从而掌控了整个人类社会。长此以往，欧洲的盟国们就被美国用粮食绑在了自身的战车之上。

当然，也有国家想要摆脱这一束缚，20世纪50年代起，奉行独立外交政策的法国就在戴高乐领导下追求粮食独立，最终通过与美国类似的粮食补贴政策，成功扶持了本国农业，成为美国的欧洲盟友中为数不多的粮食自主甚至能出口的国家。

而在获得全球粮食霸权后，美国政府也一直很喜欢使用这个优势。在20世纪50年代之后，全球一共有10次粮食禁运，其中由美国发起的占

8次。而自1954年停止对欧粮食援助以来，美国依然向全世界各国派发过1亿吨以上的粮食，提供了占世界上60%的粮食援助，换取了各种政治和经济资源。

粮食霸权对美国人来说，可谓既是胡萝卜又是大棒。美国副总统休伯特·汉弗莱在1957年曾经直言不讳地提出，"在与他们的合作方面，如果你们正在寻找一种办法，使他们都依靠你们，乃至依赖于你们，在我看来，粮食依赖将是最好的。"

贸易的本质应该是互通有无，而不是一种剥削。当代国际粮食分配体制存在畸形，少数大国一方面把控住技术前段，一方面掌控着大宗粮食销售。西方国家对粮食的垄断，本质上是把后发国家置于一种经济殖民地的地位。2020年，全球新冠肺炎疫情暴发后，世界一方面面临粮食危机，一方面又存在减产保价的风险。这种粮食过剩和饥荒危机并存的畸形局面，在相当长的时期内仍会存在。

第二章

苦涩的记忆
——曾经的难忘岁月

传统村庄里每天与太阳一同升起的袅袅炊烟,以及鸡犬之声相闻的情形,将越来越成为历史的记忆。这记忆中,虽说也有属于那个时代的美好,但更多的却是苦涩与艰难。

一、忆苦思甜

民以食为天。

对于贫困年代的人们来说,这是不折不扣的真理。每天都为能不能吃饱而发愁的情况下,谁能让老百姓吃好,谁就能引领人民。

20世纪60年代中期出生的我,就是这样的一个小小子民。

小时候,我觉得担任大队书记兼小队政治队长的父亲是顶级厉害的人物了。他不仅督促社员搞好劳动,抓好粮食生产,在家里对孩子也要求很严格,比如不许玩耍,不许浪费,不要说"不打粮食的废话"等。而母亲在把尽可能多的时间用来挣工分之余,还是最能干的家庭衣食加工者。家里若干大陶罐用来装面米豆,到吃饭的时候,她总能弄出不算差的各种饭食。此外,她还曾纺线织布为全家人量身做衣,孩子们每到新年总能穿上新衣裳。这差事对有一两个孩子的家庭,或许都不是难事,但她却是八个孩子的母亲。我由衷钦佩和爱戴这样的妈妈。

对今年56岁的笔者来说,儿时的记忆中,农村虽然穷但民风淳朴,

粮食的分量——沉甸甸的压舱石

村民彼此"德业相劝，过失相规，礼俗相交，患难相恤"，至今难忘。

虽然吃的方面没有许多选择，但不时地能够吃到"地头鲜"的美味。虽然学习条件比较差，但我觉得自己是幸运的，因为能够感受到积极向上的氛围，珍惜学习环境，爱学习，爱钻研，能够从学习中得到乐趣。那时候，学校经常开展忆苦思甜教育，我得以时时体会前辈的不易，觉得不仅要为自己，还要为他们多学一点。

这种安定的，向上的，甚至是美好的往事，伴随着我成年后的记忆，至今还常常在梦中回到那样的故乡。这或许就是乡愁吧。它艰难却充满希望，无论乡村如何发展，我想还是要做到习总书记讲的，要让人们"记得住乡愁"。这就好比，一个人在出生的时候有肚脐，以后无论长得的多么高大，还得有肚脐。

（一）

我的家乡在晋南垣曲县皋落乡的西窑村徐家沟。我出生于20世纪60年代，接受了毛泽东时代的正规义务教育，虽然是在窑洞里上学前班，在村里一至五年级共用一个教室的课堂里读完小学，但教师却是县里公派的，学生学到的内容也几乎与城里大部分孩子无异。老师领国家发的工资，但吃饭需要在学生家轮流吃派饭，算是农村特色的安排。

读初中阶段赶上改革开放恢复高考，1983年我成为村子里第一个考入全国重点大学的大学生。考上大学后到城里学习和工作，我逐渐变成了城里人。但无论在哪里，我始终不能淡忘我的乡村，那份浓浓的甜蜜的乡情和幽幽的乡愁永远留在心底。即使衡量城里的好坏，我心中也总有一杆乡情的秤。

记得小学阶段时，每天的中午和下午放学后，放下书包就扛上篮子去捡柴火或打猪草，满获之后回家又要在厨房负责烧火。一番忙碌之后，到了吃饭的时候，每一口都吃得香。

每逢夏收，还要到生产队的麦田里去帮忙收麦，在参与劳动中分享到了粮食丰收的喜悦。小学生的任务通常是拣麦穗，每个孩子拾到的麦穗分别要过秤记重量。当时，经常能坐上企业单位支援三夏大忙的解放牌卡车去下田，所以拣麦穗兴头蛮高的。

记得有一个夏天,我拾麦穗的总重超过了540斤,分得了相应奖励的白馒头,吃到了白菜豆腐粉条杂烩菜,满足得很。这决定了以后我在任何餐桌上,最爱的都是这盘菜,超过了无论鱼翅燕窝螃蟹大虾之类。过城里人的日子,我见到小学生时常想到,他们会有我当年最爱吃的菜那样的感受吗?我想,或者是没有的,他们吃到的东西要丰富得多,但缺少的是老百姓称之为"劳果甜"的那种味道。

父亲生前在我城市里的家小住时,我曾经感到奇怪,他爱吃面食,却从来不爱吃面包之类加工品,只爱吃馒头。我在采访中也曾了解到,曾任全国人大常委的老劳模史来贺在国外访问时,仍然把吃馒头夹葱和手工擀面当作最好的美食。回忆当年的"劳果甜",我现在似乎很能了解他们的心情。这也算当年艰苦生活给人的一种馈赠吧。

(二)

当然,这些美好记忆或许相当程度上代表儿童时期留恋过往的意象。因为我知道成年人的乡村生活记忆可能就要差许多了……几乎整日辛苦的劳作,难得休息和娱乐,生活质量相当低下。

我尤其记得父亲中年时期经常穿着的白衬衫的领口,总是黑得有些发亮,却顾不得去换洗。由他们的艰难,我更加知道我的满足的童年之可贵。而孩子的满足,定是长辈继续艰难日子的动力。但孩子总是要长大的,长大以后如何面对已经熟知的那份农事艰辛?

我记得在上大学期间,暑假回家乡时忙活短暂十数天的农活,比如摘棉花、牵马耕地等,都觉得不堪其苦,有时恨不能插翅而逃。但是,我的父老乡亲却能积日累年事农而不厌农,各地乡村大体如此。我觉得,这才是天下人衣食无忧的最可靠保障。

乡亲的努力曾经是有较好的回报的。

在农业学大寨时期,农业以粮为纲,村里一年两季生产小麦和玉米,产量连年快速增长。到1980年时,村里已经没有村民吃不饱的问题了,但其他不少地方还有农民吃不上饭,上门乞讨的似乎慕名前来,明显地多了起来。村集体有数座粮库,有拖拉机、脱粒机、磨面机等农机,有民兵连、文艺队等组织,每逢年节或红白事,生产队牵头安排,总会有条不紊

粮食的分量——沉甸甸的压舱石

地开展好，很有人气。

到了1983年，村里按上面的要求，进行了分田到户、包产到户的安排。新制度实行一年之后，我就看到家里发生了前所未有的变化。那年粮食丰收，交完公粮之后的余粮很多，家里专门垒了水泥垛子来保存。秋天里，棉花收成比较好，出售后得到较多的现金收入，父亲给家里添置了黑白电视机和缝纫机。那一年我在读大学，当我放寒假回到家中，看到这些变化，确实感到很惊讶。

不过，不少为村集体的发展而感到自豪的村民却是失落的。他们为眼前的收益付出的代价是，集体的财产已被分割归户或变卖，从此没有强有力的生产队引领了。我母亲形象地说，农村由此"解散"了。

（三）

当下感受中的生活，与我记忆中的乡村生活相比，已恍如隔世。

在城里做着与农业、农村、农民相关的事情，经常到各地乡村采访、参观，也常在春节前后或其他时间回到家乡看望父母和兄弟姐妹，看望那些曾经看着我长大的村庄亲人以及他们的后人。

一年又一年，我所看到的是，时间在悄悄改变着乡情。徐家沟村像我国许许多多的传统村庄一样，曾经保持大致相同的生活与生产方式，千百年间鲜有变化，但最近二十多年来的变化之大，也是千百年来所鲜有。农村粮食不缺了，吃穿也都没有问题，但问题是没有足够好的就业和收入来源，无法安心地过温饱不愁的日子。于是，青壮年劳动力几乎都出去打工了，乡村精英蚂蚁搬家式地迁往城镇居住，村庄成为以387061"部队"为主留守人员的根据地。由于人口稀少，杂草曾经遍布原来的村民活动场院。

近些年来，在脱贫攻坚战过程中，徐家沟村拿出一些土地供县扶贫办建设易地扶贫居住点，村里人由此得到共同生活在距离县城不远的徐西小区。这个小区兼具城乡生活的便利，使大多村民与全国人民同步过上了小康生活。原先在外打工的青年也渐渐上了年纪，已倾向于回乡过这安宁的小康生活了。

总体上来说，以前无论城或乡，生活中的各种物资尤其食品是短缺的，而现在要丰富得多。但过犹不及，出现浪费粮食与食物乃至奢侈消费现象是很不应该的。由此而论，解决新时代发展不平衡不充分问题，还需要重视去除超平衡超充分问题，才能使问题得到比较理想的解决。

总之，对我而言，要说忆苦思甜，说句实话，感觉当年苦中有甜，当今甜中有涩。当然，无论如何，这种感觉不能否定社会的发展进步。因为在任何时候，大人们不管自己如何地辛苦乃至痛苦，总是要千方百计保障孩子有基本的供应尤其是食品的供给，而无难过的感受。而我父亲那一辈人，经历的旧社会的苦，才是实实在在连孩子都有无法逃避的苦。

二、父亲的眼泪

记忆中的父亲，经常爱与孩子们谈革命家史，往往没说几句就开始泪眼婆娑，抽泣着进入了他曾经的苦难。而他的苦难的重点，就在于没啥吃，曾经天天不得不为解决饿肚子问题发慌，遭受的其他苦痛大多也与此有关。

从父亲晚年专门写的关于粮食问题的回忆录中，我了解到他伤心的源泉。

以下是我的父亲徐从秀在 2004 年完成的《粮食问题回忆录》中，给我留下最深印象的几段内容。感兴趣的读者可以仔细阅读本书附录中的全文。

（一）

在日伪战乱时期，粮食比钱物更贵重。我幼年失去了父亲，全家人因此感受吃粮之苦。

我的父亲叫徐德茂，1939 年 3 月 16 日，晋南抗日前线任八路军 115 师侦察排长，在临汾石口镇战役中牺牲。

我出生于 1932 年五月初八（农历）。父亲牺牲时，我还是个只知道饿了就哭着向母亲要东西吃的小孩子。母亲含着满眼的泪水，老是祈祷："老天爷，你开开恩，家里没有一点粮食，可真的活不成了……"

从记事起，我感受到的是一个可怜的家庭，在日伪军战乱中的老缺粮户。家里十多亩地，因交不起苛捐杂税，被日伪保长卖给富户耕种。

人间的幼儿成长，全靠母亲的精神父亲的势，没爹没娘没一势。我的家中，没有一点家势，在社会上遇到事情，总被人小看，一是怕借粮，二是怕借钱。

为了坚持全家人活下去，母亲一靠自己的精神意志，二靠勤劳的针线手艺，不惜一切劳累，给富户人家精工纳鞋底、纺棉花等，赎换粮食。

我晚上经常睡觉醒来，总看到妈妈还在纺棉花。我就说，不要纺了。妈妈回答，黑夜要是不把棉花纺完，明天就拿不回来粮食，全家人就没有饭吃……

我在被窝里来回翻身，怎么也睡不着。母亲就劝我好好睡觉才能更快地长高长大，才能有力气为家庭闹粮食挑重担。

到了灾害连年时候，富户人家粮食收益减少，也不让母亲做针线活了。全家人断绝了粮食来源，走到了死亡的边缘……

在一个大雪天，家里无粮无饭，我背上一张红漆条桌，到皋落街上去卖。从早上等到中午也无人过问，卖不出去。周围还有卖衣物的，卖孩子的，还有卖大姑娘给人当老婆的。街上要饭的人满街跑，哭声、喊声、要饭声、叫卖声此起彼伏，还能不时看到起身往外地逃荒的。

我在街上等得心急如火，在条桌的前后跑来跑去，没有卖出的希望。但外界饥饿的喊叫与逃荒寻粮的实情，在我眼里过了一遍又一遍。我又饿又冻之际，急中生智，厚着脸皮找着一个开饭铺的熟人李小奎，说了好多求情话，才拿条桌换了两个小白面蒸馍。我刚拿到手，要饭的就把一个夺走了。我急忙把另一个装到衣袋里，快速往回赶。

可是，我在沿路的安子岭、前河滩等地看到了饿死、冻死、被打死（为从日伪军手里抢回自己的粮食）的一具具尸体，有的被狗啃吃的血淋淋的，十分可怕，我心跳得老高！

我连饿带怕地回到家中，与母亲、弟弟三个人分吃一个小蒸馍，和着干野菜汤填进肚，算是熬过了这个大雪天……

（二）

民国三十二年，垣曲县乃至整个华北历史上遭遇了最严重的一次蝗灾，粮食生产因此几乎绝收。我县农民到外地逃荒很多，不少妇女和姑娘被贩卖，年老体弱者和孩子多被饿死……

在生死关头，母亲为求生活先让卖家具，后叫卖窑院。卖的东西很多，换粮极少，都是以斤论碗换粮食。

每天的生活靠挖野菜为主，粮食作引，还是吃不到两天就又断了粮。但是，人是要天天张口吃饭，才能保住后天之命的生存。因不断变卖家产，我家很快就变成房无片瓦，地无一垄，一贫如洗。

1943年3月3日，正当大春青黄不接的时刻。在解决粮食问题无任何出路的情况下，母亲将我继承舅父家业的八间瓦房及大院落经下坡底村李发行中间说话，卖给张福作家，换了一斗粮食，共30斤，谷麦各半。拿到粮食后，母亲和我等到天黑，乘无人之时，悄悄背回家里，连夜挖地三尺深埋，严防日伪军抢粮食的灾难。需要做饭时提前挖开取出一二斤，用小石臼窝捣烂，配野菜、树叶等煮汤，半吃半喝。那个时候，村邻称这种吃食叫保命汤、度荒饭。

这个时期的粮食，比一般财物要贵重好多倍。"家里有粮食，就是宝中宝，保住命不丢，不羡活神仙。"这就是自古以来流传"民以食为天，食以安为先""人哄地皮，地哄肚皮；人爱粮，粮养人；人离粮食饿断魂"的道理所在。

1944年2月8日，13岁的我开始跟着村邻到夏县大阳城里去担盐换粮食，顶替母亲劳累的重担。每三天一次，担回30斤盐到朱庄八路军收盐点，能换玉米十斤。除了担盐的本钱，还有小余额，又能往家买3个金银饼（粗细粮各半）。

第一次担盐虽说肩肿、腿疼，但我心里高兴。这下全家人有了闹粮食的小出路。因此，翻山过河路程远，没有吓住我的胆！上下20里石峪山，老朱开设起火店，天黑进店夜食宿，鸡叫上路赶时间；满身是劲紧步走，总不落在大人后。披星戴月进村庄，母亲路旁在守望；亲亲热热接入家中，还有热汤端桌上，我取金饼同吃喝。……心里觉得，用汗水换来的食品，全家人吃着更香甜。

从此开始，担盐能往家里换回救命的粮食。我就下定最大的决心，扛起了金扁担。坚持担盐压出了一双"铁肩膀""钢脚板"，由肩肿腿疼到不肿不疼。担的盐重量则逐步增加到 40 斤、45 斤、50 斤。靠赶穷困闹粮食的志气，这幅担子一直挑到 1946 年腊月过小年。我给家里的小粮库积存了 120 斤小麦、160 斤谷子，全家人欢天喜地过了个平安年。

（三）

1947 年 3 月 16 日，是皋落开展土地改革运动的大喜日子！！

贫下中农在二区区长张关恒、县土改干部郭金海等同志带领下，成立了农会组织。他们主持召开了大小会议，学习中国土地法大纲，边学边填土地证，逐步掀起农民大搞粮食生产的高潮。我家三口人，分到土地 30 亩。全村 16 户 72 口人，均分了 720 亩土地。

在土地按人均亩数填证发户之后，党中央号召要组织起来，搞好互助组大生产。村邻们开会讨论，选举我担任互助组组长。我感谢大家，再三要求不干却推辞不了，只好尽力诚心努力干下去。

白天闹生产，晚上学识字，学政治，学文化，男女老少干劲冲天。与此同时，我结合粮食生产的农忙季节，给大家进行宣传：翻身不忘共产党，幸福不忘毛主席；互助组，力量强，三人能顶五人用；组织起来才智广，自然灾害能抵抗；卫金莲计划巧，麦积搭的长又高；顶头尖来下出沿，下雨不怕把水钻；大家同心流大汗，多打粮食援前线！

我的年纪虽然小，但有力气，一片诚心，先给别人干活，最后干自己的。

在此后三年粮食大生产恢复时期，我也三次被评选上"青年特等小劳模"。我家三年打了 22 750 斤粮食，除卖爱国粮 1 万斤以外，全家三口人留足三年吃的口粮，还库存一年以上的储备粮，也就是"耕三余一"的存粮目标实现了。丰年要防歉年缺，有备无患粮囤满。

1948 年 3 月 19 日，在党组织的关怀下，由杨生辉、徐从容作介绍人，我秘密地加入了中国共产党，成为一名光荣的党员。

1949 年 11 月 2 日，垣曲县委党校集中全县党员，内部学习党中央作出的抗美援朝的决定精神。县委组织部根据我写的参加抗美援朝决心书，将我调到县委宣传部工作，家里的母亲和兄弟由村上按军属对待照顾。我把家中的老黄牛、农具等，全部捐献给互助组，由大家大闹粮食生产统一使用。

（四）

随着"大跃进"运动和人民公社的诞生，出现了农村公共食堂化。

1958年夏收至年底，垣曲县建立了1 017个公共食堂，21 385户在食堂吃饭，占全县总农户人口（90 771人）的89%以上。在此基础上，全县公共食堂发展到1 162个。男女老幼全部进入公共食堂吃大锅饭，不要钱，集体干活不计工。社员家里所存的粮食，全部交给食堂，如有隐瞒，进户查缴。

公共食堂最初的粮食浪费现象也很严重，加上后来接连发生的自然灾害，终于造成之后的三年大缺粮食，只好在生活上进行瓜菜代的大困难。

1960年10月，县委发出"大抓积菜，节约度荒"的号召。全县各个农村食堂，组织干部群众挖野菜、采树叶，以副代主，粗粮细作，瓜菜代粮，又让社员半天劳动，半天休息，实行劳逸结合。

10月11日，南山公社党委提出"千名闯将上大山，大采大积淮海战，要采野菜十余万，决心度过灾荒年"。垣曲县小报对此加以报道推广，还介绍毛家湾公共食堂4条经验如下：

第一条，以人定量，预先报饭，按量添水，按人下面；

第二条，多吃菜少用粮，在每人每天吃2~3斤菜的基础上，再多煮1斤菜，少下一两粮食；

第三条，以顿核算，日小结，旬发饭票，月底结算，出榜公布；

第四条，半月开一次社员生活代表会，具体研究节约用粮，改进食堂的生活安排。

1960年12月27日，县委召开了各个食堂事务长、下放干部、社队书记，以及重点食堂炊事员、社员代表等1 500人大会。县委书记作了"全党动员，全民动手，大办食堂，大抓生活"的动员报告。会议强调指出，要办好食堂，办好生活，必须进一步坚持"政治进食堂，干部下厨房"的方针。会议决定全县抽调千名优秀干部进食堂当管理员、炊事员，大搞食堂整顿：①从低安排口粮；②大抓瓜菜代；③落实粮、菜、油、盐、柴；④政治进食堂，困难把路让；⑤指标到户，节约归己。

粮食的分量——沉甸甸的压舱石

由于生活严重困难，据不完全统计，从 1959 年到 1960 年，全县非正常死亡 81 人，患浮肿病 236 人，外流 330 人。从 1960 年冬季开始，个别食堂已经难以为继，全县食堂陆续停办。

（五）

自 1948 年入党、1949 年参加革命工作以来，我是一听二从三拼命，无论啥工作要干都是风雨无阻，能叫累死牛，不让停住车，从来没有落后过。可是，在总路线、"大跃进"、人民公社化运动中，粮食卫星放满了天，农村实行了公共食堂化，我天真地想着：全国打了那么多粮食，这个铁饭碗就要一下子吃到共产主义社会啦……当时，皋落公社供销社开车来村里收铁，我就积极带头把大锅小锅笼盖铁圈等，全部当废铁卖光了。可惜，公共食堂在我院东房里成立不到二年，库存的粮食吃空了。这暴露出原来放的粮食卫星都是假的，都是吹牛干部搞的鬼，给国家和人民造成了极大的困难，使我家在生活上也吃了好多的苦头。

1962 年 2 月 4 日，在县大礼堂，由侯成金同志作精兵简政的报告，提出了挽救三年农业灾害，国家严重缺粮的实情。

经过三动员、五结合的讨论，有不少人正好在精兵简政的年限之内，从情绪上表现低落，哭哭啼啼，不愿返回农业第一线，让精简办的负责人很作难。可是，我在三动员五结合的文件中，对照精简的年限没有我，反而要求返回农业第一线。

县委组织部部长赵恒亮同志，对我非常关怀，亲自找我几次谈话，要调我到商业局当书记。我借口搞不了经济工作，表示不愿意去。

一个月之后，赵恒亮同志说，把你调到皋落公社当主任或秘书（长），由你挑。我还是向领导表示谢意，交了退职信，自作主张，决定直接返回农业第一线。

老同事王勤贤对我诚心地说："徐从秀呀你真傻，有官不当把田下，真是没病揽伤寒……"还有人说我革命意志不坚定，工作干了个半途而废；看中了小块地，资本主义倾向严重。这些都是往我脸上抹黑，冤枉了我半生，我都忍下去了，没有对人说过……

那一年，我因母亲得浮肿病向县长蔡济荣写了个缺粮申请，结果批了

5斤土面（当时磨面机磨面过程中遗落在地上，之后又收集起来的面粉）和一斤豆子，真不如在村里向富裕户要饭，这让我伤心一生难忘……

1962年3月8日，我正式移交了县委档案馆的工作手续和财务清单等，到县精简办拿到"返农业第一线"证明书，背着铺盖和同事们握手告别了。

回村的路上我满身是劲地走着！一进村，就让邻居们接住了行李，大家边走边谈话。村里人都带着希望的笑脸，异口同声地说："你在县上工作了多年，可要给咱队多想一些解决粮食的好办法……"

还有几个在村里大槐树下闲坐的老年人，身体都很瘦弱，拄着拐杖东倒西歪地走到我眼前，要求能提高农村的吃粮标准。他们说出村里生活的实际情况是，在家里做的每顿饭，小孩是往饱吃，轮到大人，吃个半饱，老忍着饥饿，还要下地干重活，身体都饿倒了。我当场答应了大家的渴望，表示要尽力出外找粮食。

我在家住了一夜，第二天早上就去民兴大队通过熟人说话借了3 000斤小麦运回村里，按人口记名分到户，等下年生产下小麦，顶替民兴大队到皋落乡粮站上公粮。借到粮食，稳住了人心，农业生产就更有劲头了。

第三天，我把党员关系送交村党支部时，书记王福信正在主持召开党员、队长扩大会议，进行春耕生产动员，争取由缺粮变余粮。当天就让党员分组讨论，叫我进了党支部，分管教育工作，并兼任徐家沟政治队长。会议安排了玉米、谷子、棉花、红薯、油料等大秋作物的亩数，并严格要求深耕作、细耙磨，亩亩施足底肥100担。

我以深厚的责任感，促进班子成员团结起来，拧成一股绳，为16个生产队2 520口社员跑上带下，踏实苦干。通过三年努力，全大队实现了由缺粮变余粮，出售爱国粮32.6万斤。

（六）

1964年，中央发起"农业学大寨"运动，同时农村住满了工作队，"四清"运动也开始了。

这个运动过程中，我因开小块地与工作队长有一次激烈的斗争。

我开小块地是在1962年。那时候，我还在县委工作。

就是我因母亲得浮肿病向县长蔡济荣写缺粮申请，结果批了5斤土面

粮食的分量——沉甸甸的压舱石

那一年。我就利用晚上让爱人打着灯笼在前河滩东边的乱石滩中开挖了3分荒地。当年春季,我在这片地里种上了谷子,到秋天收了100多斤,成为家里的缺粮补助。

我回村后,因家庭人口多、劳力少,按劳动工分分粮食就分得少,全家粮食问题缺口大,更需要有额外的粮食来源。

1964年我在河滩荒地种的小麦,地照阳,熟得早,正好赶上家里快没吃的粮食了。我就先割了两捆,担回院里,计划打上几十斤,就有了吃的,才能集中力量搞好生产队的麦收。

可也真奇怪!就在这时,四清队长席红儒来了,要割"资本主义尾巴"。他一进门就气呼呼地说:"徐从秀,你还要社会主义吗?"

我说:"不要啦!像这样的社会主义,连自己的孩子都养不活,还有啥意思?!老席,你到家里看看,若有十斤八斤的米面,算我自私。我这麦子是在口粮不够的无奈中提夜灯开荒地种出来的,能说是资本主义吗?!"

席红儒到家里一看,两个盆子里,只有一碗小米,半小盆面。他变了脸色,走到院里,用手指着麦捆说:"你打吧,这事不再说了……"

四清工作队在此后不久就退出了农村。

1965年秋,在四清还没有结束的时刻,大秋作物成熟过了,在秋天的大风中,棉花出了壳,玉米上了吊,豆子放了炮,粮食生产损失不小,"四不清"干部因约法四章的限制下了台。

1966年,"文化大革命"运动搞得更凶猛!从农村到县城,到处都是红卫兵在开展革命"点火"。你攻我来我攻你,攻来攻去动武器,使农业学大寨变成了空口号。

文革当中,县城、公社、大队开始了大揪、大批、大斗、大夺权,农业生产处于瘫痪状态。集体生产,只有年老的社员自觉找些农活下田去干。红卫兵打开国库,米面随便拿着来吃……到了没人敢说,更没人敢管的地步。这真是"山神爷管不住狼了",一切都乱了套。

(七)

扛红旗,广播喊,真学大寨之后的六年,年年粮食大增产。

1971年，队里农业生产处于瘫痪状态。全队400亩小麦总产36 000斤，麦收打共用了80天，每人分了83斤出芽麦。粮食生产下降到极点，干部社员都伤了心。

从1973年开始努力，全队400亩小麦总产11.3万斤；

1974年，400亩小麦，总产16.5万斤；

1975年，400亩小麦，总产18.2万斤；

1976年，400亩小麦，总产20.6万斤；

1977年，402亩小麦，总产21.8万斤；

1978年，406亩小麦，总产23.9万斤。

同时，徐家沟的增产领头羊作用带动了全大队16个生产队的粮食生产。1978年，西窑大队3 000亩小麦总产93.8万斤，由缺粮变余粮，售卖爱国粮32.6万斤，在垣曲县委和人民政府挂上了号，得到县和地区的红旗奖等荣誉。我作为大队的领头人，感谢县委和政府的郭同儒、文荣斌、李英增、张海林、赵恒亮等有关领导对我的关怀，以及对徐家沟大力支农的尽心尽力！

我一生的工作经历，是由农村到机关，再由机关回到农村。从青春时代到中老年时期，我为党为人民当勤务员，勤奋工作了五十六年。其中一大半时间是搞粮食生产，不怕牺牲自己的一切而乐在其中！

……

三、牢记历史的教训与经验

我的家史境遇，可以说是国家与民族状况的缩影。

从我国历史上看，虽然农业在断断续续发展进步，老百姓的生活也不时有较长时期休养生息的和平时光，但由于战乱、自然灾害、瘟疫、苛政等的影响，生活水平总体上难以突破"民以食为天"的限制。

（一）

秦朝（前221—前206）末年，有个叫郦食其的人，很有学问。《汉书·郦食其传》记载，他曾经说过，"王者以民为天，而民以食为天"。这

粮食的分量——沉甸甸的压舱石

是"民以食为天"的最初出处。一个政权要维持其统治,让国家变得强大,就必须把老百姓的利益放在第一位,让老百姓过上幸福安康的生活。

民以食为天的现实性,中国人对吃饭问题极为深刻甚至是残酷的理解与认知,都来自于复杂的自然与历史变迁之中。中国历史上是传统的农业国,粮食供给在正常年份总体上是相对充裕的,但由于天气对农业生产影响深远,呈现出了气候的大变化与王朝的更替基本一致的奇特相关性。

科学家竺可桢为中国气象研究起到了奠基作用,他的《中国近五千年来气候变迁的初步研究》,帮助我们解开了中国数千年气候变化的规律。从竺可桢的研究中,我们会发现,数千年里中国的气候并没有一直变暖,也没有一直变冷,而呈现出一定的周期性,每次波动的周期,历时约400~800年。结合竺可桢的研究结论,我们可以将中国几千年的气候变迁与中国的历史结合起来,让我们去发现隐藏在历史背后的真实故事。

除了经济、政治等因素之外,气候的变化成为改变一个王朝命运的重要因素。由于殷商末期到西周初年、东汉末年到西晋(265—317)、唐末至北宋(960—1127)初年、明末到清初的四次小冰河期,导致了中国灾荒连连。

根据专家的研究,前三次小冰河期,中国人口都锐减超过4/5;最后一次状况略好,主要得益于从美洲传来的土豆、玉米和红薯,但人口也减少了约一半。再加上历史上改朝换代时战乱不断,粮食产销分布不平衡,各类史书和地方志中出现"赤地千里,饿殍遍野"的记录并不鲜见,令人不忍卒读。散见于各种史籍的这类记录,据粗略统计:尧舜时代1次,商朝1次,周朝3次,两汉15次、三国时期4次,西晋5次,南北朝时期4次,隋朝3次,唐朝20次,五代时期6次,宋朝8次,元朝1次,明朝25次,清朝14次,民国(1912—1949年)3次。

"民以食为天"成为中国人的信条,乃是从无数残酷的历史事实中淬炼而来。历史也证明,解决中国人的吃饭问题并不容易,这在任何时候都是对中国执政者的基本考验。

(二)

有饭吃,既是满足人们最基本的生存需要,也是保障社会规则能够运行的基准条件。从这个角度讲，粮食安全问题始终是中国的头等大事，在此基础上带领全国人民过上更好的生活，是执政的中国共产党的重大责任。

在现代中国，曾几何时，国人见面打招呼时，最常用的一句问候语是："吃了么？"

这样的打招呼方式，不知道最早能考据到什么时候，至少笔者在1987年到北京开始职业生涯之初，还是很惯常的表达。

在今天看来，这相当于英语中的"How are you?"，却是略带幽默诙谐的打招呼方式，其实最好地体现了一个事实："吃饭"确实曾经是个问题。

怎么认识这样的问题？《习近平的知青岁月》一书中的这样一段情景，或许有助于现在人们的理解。现任中国医学科学院研究员、博士生导师雷平生，当年是和习近平一起到陕西延川梁家河大队插队的知青。2017年1月他讲述了这样一段当年的情景——

我们知青的劳动，除基建队的打坝、修梯田外，更多的是在农忙时上山干农活，生产粮食。每天一早四五点钟，天还黑着呢，我们就得起床出发。还得留下一个人，把一天的饭做出来。做的饭就是蒸玉米团子、高粱米团子，再熬点米粥，盛在一个罐子里，把饭送到山上去，供劳动的知青早上和中午吃。

我们知青当时的粮食比农村社员要宽裕一些，这是因为周总理听说陕北知青饿肚子、吃不饱时，就和陕西省、延安地区商量，决定对每一名知青分"一个半人"的口粮。再有，插队下乡的前半年，国家还给我们供应了6个月的国库粮，所以我们知青的粮食基本够吃，吃得也要好一点。我们能吃到蒸玉米团子、高粱米团子，老百姓当时只能吃糠窝窝。这种糠窝窝，当地老百姓也叫"糠团子"，就是推磨剩下的麸子或玉米皮之类做成的。团子是棕红色的，有的粗糙得连捏在一起都很困难。

在山上吃饭的时候，我们知青吃的玉米团子是黄澄澄的，老乡一看就说，你们知青吃的这是真粮食。习近平拿起老百姓的糠团子一看，确实就差了很多，于是他就用他的玉米团子和老乡换饭吃。一起劳动的老乡看他并不娇生惯养，而且把好一点儿的粮食分给老乡吃，自己主动吃糠咽菜，

粮食的分量——沉甸甸的压舱石

十分钦佩——那个糠团子，确实难以下咽，而且热量很少，不顶饿，吃完再干活，没一会儿就又饿了。有时候，习近平感到饿得顶不住了，又打开老乡的那个饭包，想再拿块糠团子吃两口。结果发现，他换给老乡的玉米团子他们都放着没吃，习近平就问"春妈的"（注：方言，指小名为"春"的孩子的妈妈）："你们咋都不吃玉米团子？"春妈的就坦白地回答说："你们给的这玉米团子是'真粮食'，窑里男人与孩子受苦更重，要给他们留着吃。"这件事给习近平非常大的触动，老乡生活实在是太艰苦了。当时，城里有些人家，生活好一点儿的，平时吃细粮习惯了，不爱吃粗粮。但是在这里，普通粗粮都舍不得吃，还要留给壮劳力。

——中央党校采访实录编辑室：《习近平的七年知青岁月》，中共中央党校出版社2017年第1版，第23-25页

理性地看，这种情况出现的原因，一方面与新中国成立后面临被封锁乃至安全被挑衅的国际环境有关，国家不得不优先考虑发展国防工业，农业成为发展工业和城市建设的重要积累来源；另一方面则由于是农村一大二公的管理体制，不能调动农民的积极性，粮食生产长期徘徊而处于短缺状态。此外，对于科学种粮增产潜力的"误解"，或许也是原因之一。

杜润生记述说，"大跃进"时期，一次，毛泽东问科学家钱学森：一亩地到底能打多少粮食？钱学森从纯科学道理上讲，如果把植物所接受的太阳能都转化为粮食，一亩地产4万斤粮食是可能的。毛泽东相信了亩产万斤的"卫星"，于是中央开始研究粮食多了怎么消化。得出的结论是，只要亩产达到1万斤，中国无论是吃、是用，还是酿酒，任何办法都无法有效处理那么多粮食。最后还是毛主席一锤定音，"三三制"！即只用耕地的1/3种植农作物，1/3休闲和种植绿肥，1/3种树种草。那时在北戴河休假的人们，白天游泳，晚上跳舞，一派乐观气氛。

这种以理论可能性代替现实可行性的情况，使得探索社会主义建设的道路增加了曲折和坎坷。这种曲折和坎坷典型地体现在百姓生活的艰难之中。

今天的人们已经难以想象，会有这样的家庭生活场景：一家三口挤在一张床上，床对面拴着山羊；90岁的老人一个冬天都睡在床上，只因为没有衣服穿；病在床上的人，饭后不让洗碗，为的是饿极时能闻一闻碗里

残余的饭香。

这是新华社记者李锦1978年在山东省沂蒙山区一个普通村庄的见闻。那时节，在其他许多地方，类似的情况并不鲜见。

根据新华社的报道，1978年，全国受灾，农民生活极为困难。这一年农村人口为8.032亿，全国农民人均年度纯收入仅有133元，其中90%以上为实物，货币收入不足10%。

这一年，约有2亿人每天挣的现金不超过2角，有2.716亿人每天挣1.64角，有1.9亿人每天能挣约0.14角，有1.2亿人每人每天挣0.11角，山西省平鲁县（现朔州市平鲁区）每人每天大约挣6分钱。

这一年，全国有4 000万户农民的粮食只能吃半年，还有几百万户农家，地净场光之日就是断粮之时，从冬到春全靠政府救济，靠借粮或外出讨饭度日。

（三）

也正是在1978年，中国农村改革的一个标志性事件，发端于安徽省凤阳县一个原本默默无闻，只是穷得出名的小村庄——小岗村。

小岗村由于发生了农民自发搞包干到户的故事，被看做是新时期中国农村改革的实质性起点，农村土地政策自解放初土地改革之后发生又一次巨变的地方。

1978年以前的小岗村，特点就一个字——"穷"，属于"吃粮靠返销、生活靠救济、生产靠贷款"的"三靠村"。

如果靠不上怎么办？那就出去要饭。要饭要到什么程度？据村里的严立华老人回忆，"一年365天，300天讨饭"。那时的小岗村，是一个只有18户、115人的生产队，但因全村老小大部分都外出乞讨，其实是远近闻名的乞丐村。

这时候出现了一个历史性人物——严宏昌。1978年，他被生产队从在外打工的岗位上拉回来，希望他能够改变小岗村从来没完成过国家生产任务的窘状。回来后，是村里老人们的一个说法打动了他，"怀念1950—1955年家家户户有土地的那段日子"。

简单的话语，却道出了农民的心声。

粮食的分量——沉甸甸的压舱石

严宏昌暗想，要救小岗，只能把地分到各家手中。然而，在那个年代，即便只是简单地将这个想法说出来，也是件麻烦事，要承担巨大的政治风险。从1978年9月起，严宏昌在出工期间悄悄将这一想法和生产队里的其他人进行沟通。最终，以严宏昌答应"出来牵头"作为条件，18户人家才全部同意。

1978年11月24日下午5点多，18户的代表终于聚齐在严立华家里。之所以选在严立华家，是因为只有他家有前后两间房，妻儿在后屋睡觉，他们在前屋开会。

"我们赌过誓，连老婆孩子也不能说，谁说谁就不是人。"严宏昌回忆说。在纷纷杂杂地说了4个小时后，严宏昌拟下了这份改变历史的"生死状"，并带头摁下了红色的指印。

其他17户一家接一家地将自己的拇指压在了这张纸上。"生死状"的结尾写道："我们的干部坐牢杀头也甘心，大家也保证把我们的小孩养活到18岁。"所指的干部，即为严宏昌、严俊昌等人。这张生死状后来被保存在中国历史博物馆，编号GB54563。

签下"生死状"的当晚，他们就将生产队里的种子、生产工具分到了18户村民，次日又分了田……

这就是中国农村改革史上著名的小岗村"大包干"。事件的核心，就是农业生产的基本单位落实到了农户，农民又一次真正成为土地经营的主人。

这样一个"冒天下之大不韪"的创举，竟意外地拉开了中国农村改革的序幕，也证明了农村改革势在必行。

1979年10月，小岗村打谷场上一片金黄，经计量，当年粮食总产量13.2万斤，相当于全队1966—1970年5年粮食产量的总和。另外，油料总产3.52万斤，是过去20年产量的总和。

这一年，23年来吃救济粮的小岗村，破天荒地向国家交售公粮3万斤，交售油料2.5万斤，归还国家800元贷款和留下集体公积金之外，人均收入达到400元。

1982年的中央1号文件，正式肯定了土地的家庭承包经营制度，结束了包产到户30年的争议，从此成为中央决策。包产到户的合法性得到正式承认之后，农业生产出现超常规发展。1978 年，全国粮食产量约 3 亿吨，一搞包产到户，到 1984 年，粮食就增加到 4 亿吨，农业总产值增长 68%，农民人均收入增长 166%。

农村家庭联产承包责任制自 1982 年后在中华大地开始推广实行，但第一次提到"基本制度"这个概念，则是 1991 年颁布的《中共中央关于进一步加强农业和农村工作的决定》中说的"把家庭联产承包为主的责任制、统分结合的双层经营体制，作为我国乡村集体经济组织的一项基本制度长期稳定下来，并不断充实完善"。

包产到户的效果可以说立竿见影，极大地解放了农业生产力，一举打破了农业生产长期停滞不前的局面。其最重大的制度意义在于，终于承认了农业生产经营的基本单位是农民家庭的客观规律，农业的生产经营自主权终于回归到了农户家庭。

全国实行家庭联产承包责任制之后，在促进增产增收、解决吃饭问题和贫困问题等方面的效果极为明显。

根据国家统计局的数据，1978 年，我国粮食总产量 6 095 亿斤，1984 年达到了 8 146 亿斤，增长了 34.3%，创了当时的历史最高纪录；人均粮食占有量，从 1978 年的 633 斤，增加到了 1984 年的 781 斤，增加了 23.4%。长期困扰全国人民的温饱问题从此基本上解决了。农民人均纯收入增幅更高，从 1978 年的 134 元增长到了 1984 年的 355 元，扣除价格因素后实际增长了 1.5 倍，年均增长 16.2%。而同期城镇居民人均收入年均增长 7.93%，城乡收入差距在这一时期明显缩小。

改革开放是中国的"第二次革命"，其革命意义既体现在对阻碍生产力发展体制机制的变革上，也体现在对社会生活以及人们思想观念影响的深度和广度上，显示出社会主义制度的强大生命力。粮票、布票、肉票、油票、副食本、工业券等百姓生活曾经离不开的票证从此逐步进入了历史博物馆，忍饥挨饿、缺吃少穿这些几千年来困扰我国人民的难题必将一去不返。

如今，在中国共产党领导下，中国 14 亿人口不仅实现了粮食和主要农产品自给，并在此基础上全面建成了小康社会，实现了中华民族世世代代没有完成的梦想，可以说是中国数千年未有之伟大成就，也为全球发展做出了极大的贡献。

（四）

全面建成小康社会的中国，在解放之初是无法想象的。

新中国成立之际，美国国务卿艾奇逊断言："（中国）历代政府都没有解决中国人的吃饭问题。同样，共产党政权也解决不了这个问题。它必然会因此而垮台。"

由于世界粮食市场的交易额是2亿～3亿吨，全球农产品出口总量只能满足5亿人口的需求。1974年在罗马召开的第一次世界粮食会议上，一些专家也预判，中国绝无可能养活10亿人口。

1994年，美国有一位学者，叫做布朗，他是美国世界观察研究所的负责人，发表文章向世界提出一个警告：谁来养活中国？

他认为，到2020年中国人口将达到16亿，粮食缺口有2亿～3亿吨。但是，中国的农业生产在20世纪80年代已经停滞不前了。化肥的投入量已经很大了，投肥的边际效益已经呈递减趋势。中国华北地区和西北地区的水资源匮乏，华北缺几百亿吨，西北地区更缺。中国的耕地有1亿公顷，只会减少不会增加，每年减少几百万亩。需求增加，资源不足。中国粮食的缺口若由世界粮食市场解决，而世界可供资源是2亿吨。如果满足了中国的需求，那么像非洲等地区就会挨饿。

数据严谨、对中国了解之深，一度让无数人叹服。

第一个反驳布朗观点的人是胡鞍钢博士。1994年9月，胡鞍钢在《中国日报》发表文章说，新中国成立初期，当时的美国国务卿就预言，中国无法养活5亿人，事实证明这个预言破产了。布朗的预言也同样会破产。中国有巨大的粮食增产潜力，而布朗低估了中国在这方面的潜力。

不久之后，袁隆平看到布朗的预测，被问到对"布朗之问"的看法，他坚定地表示，布朗低估了科技的力量。袁隆平认为，就算目前发展缓慢，未来中国科学、科技的进步也将给农业带来巨大的改变。

1996年10月24日，中国国务院新闻办公室发表了《中国粮食问题白皮书》，文章主要内容是论述中国人完全有能力养活自己。

实践证明，我们党团结依靠中国人民创造性地实现了由新民主主义向社会主义的转变，克服种种困难最终不仅解决了温饱问题，使粮食产量多年来稳定在1.3万亿斤高水平，实现主粮95%以上的自给率，还带领14亿人口全面建成了小康社会，"三农"工作的重心已历史性地转移到全面实施乡村振兴战略。

不过，布朗虽然不太了解中国的具体情况，预测有缺陷，今天看来明显不符合事实，但他提出的问题足以给当时乃至现在的中国农业发展敲响警钟，某种程度对促进发展有益处。布朗在20世纪90年代对中国面临的环境问题的预测，在后来看来，至少是部分得到验证了。

粮食安全不仅是经济问题，更是政治责任，任何时候都不能松懈。

第三章

可敬的农民
——支撑温饱与发展

民以食为天。农民,从事生产粮食及其他农产品,供应天下众生活命之必需的工作,堪称第一等尊贵的职业。

"耕读传家"备受历代文人学士推崇,是因为耕田可以事稼穑,丰五谷,养家糊口,以立性命;读书可以知诗书,达礼义,修身养性,以立高德。所以,"耕读传家"既务谋生,又学做人,行知合一。这样的知识分子堪称智慧农民。这种状态,已经不是把农民当做一种职业,或是安身立命的最佳境界。

但是,理想很丰满,现实特骨感。自古以来,绝大部分农民——所谓贫下中农其实是做不到"耕读传家"那种境界的,因为生活所迫,"耕"的任务太重,收获却甚少,能用以"读"的时间和心情余地太小。从事农民职业的,即使在当今,恐怕也极少有愿意下一代继续当农民的。

由此而言,农民的权益还需更好地保障,收入和利益水平还应当继续提高,直到其总体收入水平不低于社会平均水平,职业的尊贵感才能更好地得以实现。

一、帮乡亲收获玉米的"收获"

2020年初秋,我在老家山西休假期间,帮助亲戚的朋友张冬生收获玉米,却得到了平时难以获得的思想收获。

第三章 可敬的农民

朋友家种了30多亩玉米，比不了东北的大片玉米地，即使在内地也不算面积大。但这毕竟是租种了别人家土地的专业农户，又区别于一般的小农户了。

在那片玉米地里，我边劳动边浮想联翩。

那段时间，美国总统特朗普置其国内疫情防控于不顾，却疯狂打压华为的芯片供应链。我想到，这些植物是靠光合作用为人类提供粮食的，种植它们的农民好似在代表地球与太阳合作完成生产粮食的过程。好在无人能够垄断阳光，无人能够独享植物光合作用的专利。否则，这个生产粮食的过程被什么托拉斯管控之后，全世界就只有有钱人，还得与这个托拉斯关系好才能吃得上粮食。

那岂不是太糟糕了。

特朗普的人我利益逻辑，与美国及西方文化不能获得农耕文化的实质或是相关的，细思极恐。

《吕氏春秋》中记载了这样一个故事：

荆人有遗弓者，而不肯索，曰："荆人遗之，荆人得之，又何索焉？"孔子闻之曰："去其'荆'而可矣。"老聃闻之曰："去其'人'而可矣。"故老聃则至公矣。天地大矣，生而弗子，成而弗有，万物皆被其泽，得其利，而莫知其所由始。此三皇五帝之德也。

这里的荆即是当时的楚国；老聃即著作《道德经》的老子，李耳。故事用文言文表达，很简洁，也很好懂，寓意却很了不起。故事里对待"遗弓"的四种态度，反映出人类对待物的四层境界，揭示无论儒家道家本质诉求都是以仁为本，效仿的是天地大爱。

1936年6月25日，毛泽东在为促进支持抗日行动致阎锡山的信函中，引用了这一故事典故。信中写道："鄙方绝无骄矜之心，武器弹药，楚失楚得，谅先生及贵军领袖亦当不致有芥蒂也。"信中用其中的第二层境界来促使阎锡山注重民族大义。

说到美国对芯片贸易的种种作为，则可说始终戚戚然停留在第一层，全然不顾贸易的本质就是互惠互利，予人越多，己获越多。

而且即使在农耕领域，我想起前几年一位搞种子研究的朋友说，美国的跨国农业公司利润最高的就是种业板块，其培育模式是让农民必须每年都买他的种子，无法自己留种，到了自我留种不结穗果甚至不出苗的程度。依赖上这种种子，恐怕会严重损害咱们的农业安全，尤其是粮食安全，问题非同小可。

我询问种玉米的朋友张冬生，得到的答复正是如此，不得不每年买种子。

种子的问题从国家的层面来说，是极其重要的。2021年全国两会期间，农业农村部部长唐仁健在接受记者访问时，就强调种子是农业的芯片，粮食生产根本出路在科技，要坚持农业科技自立自强，加快实施农业生物育种重大科技项目，有序推进生物育种产业化应用，坚决打赢种业翻身仗。

这其中是有硬道理的。

二、农民的品质——上善若水

中国农民是怎样的人群？为什么中国共产党在革命、建设、改革开放时期，以及新时代都能调动和发挥出农民的巨大潜力和作用？

《论语》中说："贤贤易色；事父母，能竭其力；事君，能致其身；与朋友交，言而有信。虽曰未学，吾必谓之学矣。"

不知道子夏当时说这话是指谁，但笔者以为，在中国农民中，这样的人是占绝大多数的。他们大多文化程度不高，甚至其中有些人在这信息爆炸的时代堪称"文盲"。他们确实"未学"，却绝大多数笃定能做到可堪"谓之学"的那四条。

（一）

农民的品质是上善若水常处下，每逢危机时刻，他们总能不断创新，焕发出巨大的变革力量。

唐朝魏征说"水能载舟亦能覆舟"，恐怕也是看到了农民的这种巨大的力量。

中国共产党成立之初，就把农民在内的受压迫人民当作服务对象，同时也重视农民身上可贵的品质，和蕴藏的无穷力量。在100年来的历史进程中，中国共产党和中国农民，作为两个群体，有着太密切和深厚的感情

第三章　可敬的农民

与命运的交集。

党的创始人之一李大钊，在建党前夕就开始研究中国的农村和农民问题。1919年2月，李大钊在《晨报》发表《青年与农村》一文，认为"中国农村的黑暗，算是达于极点"，"我们中国是一个农国，大多数的劳工阶级就是那些农民。他们若是不解放，就是我们国民全体不解放；他们的苦痛，就是我们国民全体的苦痛……"因此城市青年"应该到农村里去"，去"开发农村"，使"知识阶级与劳工阶级打成一气"。他在1925年撰写的文章《土地与农民》中提出了"耕地农有"的口号，并将农民划分为富农、中农、小自耕农和佃农四个阶级。

农家出身的毛泽东，深刻了解农民，充分重视农民，精心组织农民，放手发动农民，由此为中国共产党的不断发展壮大以及中华民族的伟大复兴找到了一条正确道路。

作为中国共产党的创始人之一和新中国的开国领袖，毛泽东是不断追求洞悉历史规律的巨人。他提出："人民，只有人民，才是创造世界历史的真正动力"，要"完全、彻底地为人民服务"，并把人民当成上帝，呼喊"人民万岁！"这里的人民，对当时的中国来说，主要是指农民。

1945年4月，毛泽东在中国共产党第七次全国代表大会的口头政治报告中指出："所谓人民大众，主要的就是农民。不是有一个时期我们忘记过农民吗？一九二七年忘记过，当时农民把手伸出来要东西，共产主义者忘记了给他们东西。抗战时期，这种差不多相同性质的问题也存在过。靠什么人打败日本帝国主义？靠什么人建立新中国？力量在什么地方？有些人在这个时候弄不清楚，给忘记了。"

他告诫党的高级干部们："我们马克思主义的书读得很多，但是要注意，不要把'农民'这两个字忘记了；这两个字忘记了，就是读一百万册马克思主义的书也是没有用处的，因为你没有力量！"

中国共产党人能够在20多年的革命战争中从小至大，动员起广大工农群众特别是占人口多数的贫苦农民浴血奋战，恰恰是由于重视农民的力量，满足了农民群众对切身利益的关切。"打土豪、分田地""保家保田、保卫胜利果实"这些朴素的口号，反映出广大农民最迫切的要求，就此能使这些自然经济下的小私有者团结在共产党的旗帜下，在古老的神州大地

粮食的分量——沉甸甸的压舱石

上书写下无数可歌可泣的革命篇章。

（二）

在培养和检验革命人才方面，毛泽东同样重视发挥农民的作用。

早在1939年，毛泽东在纪念五四运动时，发表了一篇题为《青年运动的方向》的著名讲话，他说："我在这里提出了一个标准，我认为是唯一的标准。看一个青年是不是革命的，拿什么做标准呢？拿什么去辨别他呢？只有一个标准，这就是看他愿意不愿意、并且实行不实行和广大的工农群众结合在一块。"

1946年，毛岸英从苏联回国来到延安。病中的毛泽东，与阔别18年的长子团聚不久之后，找岸英谈心。两人坐在一处石凳上，毛泽东说，我要送你到农村去，拜农民为师，上中国的劳动大学。于是，岸英背起背包到枣园下乡，与农民兄弟同吃同住同劳动，直到晒得又黑又瘦，手上磨出厚厚的老茧。

新中国成立之初，鉴于新生的共和国面临的恶劣的国际环境，国家优先考虑发展国防工业。而积极推动农业合作化以加快发展农业，目的是让其成为发展工业和城市建设的重要积累来源。在这一阶段，保护农民利益和积极性成为第二位的事情。但是，毛主席依然十分尊重农民。

据《杜润生自述》记载，1950年初，杜润生列席了由毛主席主持的中央会议。这次会议，先讨论婚姻法草稿，后讨论土改问题。

当时，一位老同志讲到土改中要注意教育农民节约，分田后大吃大喝不好，应该防止。

毛主席插话说："千年受苦，一旦翻身，高兴之余吃喝一次，在所难免。此后注意就是了。"

杜润生觉得此话既讲理又讲情，给他留下了难忘的印象，感觉毛主席很平易近人，很和气，注意听取别人意见，具有既坚持原则，又从善如流的大政治家风度。

（三）

随着社会主义制度的建立，作为善于预见未来的政治家，毛泽东对如何保障各级干部和未来共产主义事业接班人，不走资本主义、修正主义道路感到深深的忧虑。

他找到的解决问题的答案，还是农村和农民。

1954年，苏联在大规模垦荒运动中，改变了过去移民开荒的办法，而以城市青年为垦荒主体，两年里一共动员了27万城市青年移民垦荒。此举既解决了粮食短缺，又解决了城市青年就业问题。

1955年4月，我国团中央代表团访苏时了解到了这一情况，回国后向党中央汇报了苏联的做法，认为"从城市中动员年轻力壮、有文化的青年去参加垦荒工作是有好处的，也是今后解决城市中不能升学和无职业青年就业问题的一个办法"。这个意见得到毛泽东的首肯。

同年，以杨华为首的60名北京青年，就组成青年志愿垦荒队，远赴黑龙江北大荒去垦荒。团中央于8月30日为他们举行了盛大的欢送会。团中央书记胡耀邦在欢送会上授予了"北京市青年志愿垦荒队"队旗。国家鼓励当时的知识青年"上山下乡"，"自愿到条件艰苦的农村去锻炼自己"，把邢燕子等人作为典型模范在青年人中大为宣传。

同年，毛泽东在撰写《中国农村的社会主义高潮》一书时，为《〈在一个乡里进行合作化规划〉的经验》一文写的按语中写道："一切可以到农村去工作的这样的知识分子，应当高兴地到那里去。农村是一个广阔的天地，在那里是可以大有作为的。"

1958年9月，中共中央、国务院发出《关于教育工作的指示》，将毛泽东的相关指示提升为党的教育方针，指出："党的教育方针，是教育为无产阶级的政治服务，教育与生产劳动相结合。"

1964年2月，毛泽东总结宋明以来的亡国教训时说"烦琐哲学总是要灭亡的"。作为干部制度改革的配套措施，他要求"教育革命"，认为："知识青年到农村去，接受贫下中农的再教育，很有必要。"

同年4月，毛泽东在南昌对当时江西省负责同志说："死读书本，不从事工、农、商、学、兵的实际工作，造就不了人才。"

1968年12月22日，"知识青年到农村去，接受贫下中农的再教育，很有必要"的指示在《人民日报》发表，知识青年上山下乡的热潮由此开始。当年在校的初中和高中生（1966年、1967年、1968年三届学生，后来被称为"老三届"),全部前往农村。此后几年间,全国上山下乡的知识青年总人数达到 1 600 多万人,占当时十分之一的城市人口到了乡村,当起了农民。时年 15 岁的习近平同志,于 1968—1975 年在陕西延川县梁家河村插队。

这是人类现代历史上罕见的从城市到乡村的人口大迁移。全国城市居民家庭中,几乎没有一家不和"知青"下乡联系在一起。这个运动非常深入,前后有 2 000 万青年学生下乡,它的巨大成效到今天才真正显现。1978 年 10 月,全国知识青年上山下乡工作会议决定,停止上山下乡运动并妥善安置知青的回城和就业问题。1979 年后,绝大部分知青陆续返回了城市,也有部分人在农村结婚"落户",永远地留在农村。

也许还需要相隔更长的时间跨度,才足以评价这个运动,才能够理解其中的政治、经济与社会发展的辩证法。

(四)

2012 年 2 月,习近平作为国家副主席访美期间出席中美农业高层研讨会,在致辞中深情回顾,"我曾在中国西部地区当过 7 年农民,还当过一村之长,我在中国河北、福建、浙江和上海等省市任职时也都领导或分管过农业工作,对农业、农村、农民很有感情。"

2012 年 12 月 29 日,在党的十八大提出全面建成小康社会目标背景下,刚担任党的总书记一个多月的习近平从北京出发,冒着零下十几度的严寒,驱车 300 多公里来到太行山深处的阜平县。阜平是革命老区,是当年晋察冀边区政府所在地,也是全国重点贫困县。

习近平对老区干部群众十分挂念,在新年元旦前特地来到这里看望。紧凑的行程,20 多个小时,往来奔波 700 多公里,走访了两个贫困村,召开了两场座谈会。

30 日一大早,习近平在河北省委书记张庆黎陪同下,踏着皑皑残雪,来到地处深山的龙泉关镇骆驼湾村。这个村是特困村,村里 608 口人有 428 人为贫困人口。习近平走进困难群众唐荣斌家、唐宗秀家看望,盘腿坐在炕上,同乡亲手拉手,详细询问他们一年下来有多少收入,粮食够不够吃,过冬的棉被有没有,取暖的煤炭够不够,小孩上学远不远,看病方便不方便。

看到老区一些乡亲尚未摆脱贫困、生活还比较困难，习近平强调，只要有信心，黄土变成金。各级党委和政府要把帮助困难群众特别是革命老区、贫困地区的困难群众脱贫致富摆在更加突出位置，因地制宜、科学规划、分类指导、因势利导，各项扶持政策要进一步向革命老区、贫困地区倾斜，进一步坚定信心、找对路子，坚持苦干实干，推动贫困地区脱贫致富、加快发展。各级领导干部要心里装着困难群众，多做雪中送炭的工作，满腔热情为困难群众办事。

在村民唐荣斌家，新华社记者看到，屋里一口水缸的盖子上放着一桶食用油，地上是一袋50斤的白面，炕上一床崭新的棉被和一件军大衣格外抢眼。唐荣斌对记者说："这些都是总书记送给我的。这么大的领导来我们村，这是头一次。"

一台21英寸彩电是唐荣斌家唯一的大家电。他边把电视打开边说："总书记就是站在这儿，让我打开电视，问我能看几个台，还问我家里的电话能不能打长途。"

让唐荣斌印象最深的是，总书记叮嘱他要把小孙子的教育搞好，说希望在下一代，下一代要过好生活，首先得有文化。

党的十八大以来，习近平总书记倾力抓好脱贫攻坚工作，考察调研最多的是贫困地区。太行山区、六盘山区、秦巴山区、武陵山区、乌蒙山区、大别山区……习近平总书记的不倦足迹，深深印刻在14个集中连片特困地区的山山水水；习近平总书记的殷殷之情，深深温暖着每一名贫困群众的心窝。在脱贫攻坚的每一个阶段，直指难点、把脉开方；在访贫问苦的每一次考察，拿出民生簿、细算脱贫账；在万家团圆的每一个春节，走进贫困群众家中，嘘寒问暖、送上祝福……"脱贫攻坚是我心里最牵挂的一件大事。""我最牵挂的还是困难群众。"习近平总书记的质朴话语，展现了中国共产党的责任担当，映照出人民领袖的赤子之心。

2015年以来，习近平总书记就打赢脱贫攻坚战召开了7个专题会议。2015年在延安召开革命老区脱贫致富座谈会、在贵阳召开部分省区市扶贫攻坚与"十三五"时期经济社会发展座谈会，2016年在银川召开东西部扶贫协作座谈会，2017年在太原召开深度贫困地区脱贫攻坚座谈会，

2018年在成都召开打好精准脱贫攻坚战座谈会，2019年在重庆召开解决"两不愁三保障"突出问题座谈会，2020年在北京召开决战决胜脱贫攻坚座谈会。每次围绕一个主题，同时也提出面上的工作要求。每次座谈会前，他都先到贫困地区调研，实地了解情况，听听基层干部群众意见，根据了解到的情况，召集相关省份负责同志进行工作部署。2020年3月的座谈会以电视电话会议形式召开，所有省区市主要负责同志都参加，中西部22个向中央签了脱贫攻坚责任书的省份一直开到县级。这是党的十八大以来脱贫攻坚方面最大规模的会议，目的就是动员全党全国全社会力量，以更大决心、更强力度推进脱贫攻坚，确保取得最后胜利。

在2017年中央农村工作会议上，习近平总书记充满感情地强调："我们要牢记亿万农民对革命、建设、改革作出的巨大贡献，把乡村建设好，让亿万农民有更多获得感，充分调动亿万农民的积极性、主动性、创造性。"

在2020年中央农村工作会议上，习近平总书记着眼中华民族伟大复兴战略全局，特别强调：民族要复兴，乡村必振兴！继续推进巩固脱贫攻坚成果，部署全面实施乡村振兴战略。

三、农民的传统与农业农村转型

劳动启迪智慧。

在古代长期的农耕文明发展过程中，先民总结自然规律产生了四季、十二月、二十四节气、七十二候等服务于农业生产的节气知识。在此基础上，中国形成了独具特色的阴阳历。围绕可持续的农耕文化而产生的——超越朝代更替的天人合一价值观，是中国乡村和中国农民的伟大所在。

但是，在当今的现实中，数千年的农业老经验的作用大大降低了。农机的大规模应用，降低了农民的劳动强度，缩短了劳动时间；大棚的广泛应用，部分地打破了节气的规律；其他农业科技的应用，也都在促进着现代中国农业的现代化转型。

第三章　可敬的农民

（一）

一首二十四节气歌："春雨惊春清谷天，夏满芒夏暑相连。秋处露秋寒霜降，冬雪雪冬小大寒。"早已成为小学生必背的传统民谣。其所对应的是中国一年中的二十四个节气，是智慧的中国古代老百姓通过对自然与生活的细心观察，根据太阳在黄道上的位置划分的。相邻两个节气约隔15天。为了便于记忆，人们编出了二十四节气歌。农民要按照二十四节气的变换来安排生活，指导农业生产。农业生产过程在农民那里并不是随意进行的，而是要特别关注自然物候、四季更替、气候变化和日月星辰的位置移动，农业生产要跟农时、季节对应起来。2016年11月，中国二十四节气列入了联合国教科文组织人类非物质文化遗产代表作名录。

农民用一些朴实的话语，把这种节气与生产乃至土地的对应关系总结出来，成为世代流传的农业谚语。如"春插时、夏插刻、春争日、夏争时"，"过了惊蛰节，春耕无停歇"，"六月不热，五谷不结"，"腊月大雪半尺厚，麦子还嫌被不够"，"遭了寒露风，收成一场空"，"要想多打粮，包谷绿豆种两样"，"种种甘薯种种稻，产量年年高"等。这些朴素的民谣农谚反映了深刻的农学规律。

我国的农耕智慧远远不止于体现在民谣农谚上。在农业科学技术理论方面，见于著录的古代中国文献就有近四百种，是世界上保存古代农书最多的国家，《夏小正》《氾胜之书》《齐民要术》《农政全书》《天工开物》等是代表性著作。其中，《夏小正》为中国现存最早的科学文献之一，也是中国现存最早的一部农事历书，它把天象、物候、农事活动联系在一起，奠定了传统农业生产生态循环观的思想框架。先秦时期产生的诸子百家思想结晶，以及后世进一步发展形成的儒释道相融合以"仁"为本的传统文化体系，更是古代农耕文化的精华。

勤劳与智慧相结合产生的物质与精神成果，使得先民能够经受各种天灾人祸的考验，仍然有条不紊地顽强生活下去。

（二）

农村土地集体所有制，对几千年来的农村来说是全然的体制创新。但是，在最初十几年间探索社会主义农业发展的过程并不顺利。

《荀子》有言："有齐而无畸，则政令不施；有少而无多，则群众不化。"这句话的深刻分析，或许恰恰击中了改革开放前农村一大二公体制的弊端。

正如1981年10月，时任中央农村政策研究室主任的杜润生在国务院会议进劝采纳以土地承包为核心的家庭联产承包责任制时所说的，集体经济最大的弊端就是把人捆死了，农民说不怕累，就怕捆，不给他自由，他有可能变成你的包袱，只想少出劳力，多挣工分；政府发救济粮款一天比一天多，贫困一天比一天多。这个包袱是继续背下去，还是放开手脚让劳动者自主创造财富呢？

这个劝言，最终说服了众多的上层决策者们，之后不久出台的1982年中央1号文件确认了包产到户、包干到户等集体土地所有制下的各类联产承包责任制经营方式，让农业生产回归了家庭经营。

1993年3月，第八届全国人民代表大会第一次会议通过的《中华人民共和国宪法修正案》，将农村联产承包制正式写入宪法，标志着以土地承包为核心的家庭联产承包责任制最终确立。

针对"人均一亩三分、户均不过十亩"的"大国小农"国情，1998年10月，党的十五届三中全会明确提出，中国农业现代化就是社会化服务加家庭经营。

之后，十七届三中全会通过的《中共中央关于推进农村改革发展若干重大问题的决定》强调，以家庭承包经营为基础，统分结合的双层经营体制是中国农村改革最重要的制度性成果。十九大把家庭经营的"小农户"第一次作为肯定性而非作为落后的否定性写进党的文献，进一步回应了农业发展的客观要求。

中国历史上实行农业家庭经营，延续了非常长的时间。到新中国成立后，土改之后仍然是家庭经营，20世纪五十年代中期实行人民公社制度，家庭经营变成集体经济，经过1978年开始的农村改革，总体上又回归到家庭经营。这个过程，到底是一个偶然还是必然？

全国人大常委会农委主任陈锡文认为，纵观古今中外，这是一个必然。因为不论任何国家、任何时代、任何社会制度，农业经营尽管存在规模大小的不同，但基本上都是以家庭经营为基础，既是人类社会发展进程中的历史现象，也是人类社会发展进程中的普遍现象。

在农业生产过程中，经济增长和自然增长相交织，不仅要遵循经济发展的市场规律，还要遵循生物发展的自然规律。工业的逻辑是集中、规模、高效率，是因为工业生产的对象一般是无机物或结束了生命的有机物，只要工艺相同，在任何地方生产的品质相同。而农业的逻辑是分散、适量、永存性，因为农业是以自然界的生物作为劳动对象，是一种生命的逻辑，生命的逻辑要求分散，没有分散就不可能发展下去，许多生物的生活只是为了生存而不是为了高效，而什么样的地域生态环境决定着生产什么样品质的农产品，与工业标准化相比存在根本差别。

以家庭经营为主体，作为农业发展的基本规律，可以说是不以任何人的意志为转移的客观存在。唯意志论而无视客观规律，片面夸大人的力量就必然遭到规律的惩罚。效仿苏联"一大二公"集体化的人民公社经营模式寿终正寝已成为历史答案。家庭联产承包责任制的改革从小岗村走向全国，表明中国共产党顺应人民的呼声，善于认识和把握农业发展的基本规律，按客观规律办事，从而让农业回归家庭经营，是中国农业现代化道路的拨乱反正。

（三）

从20世纪80年代后期开始，农机化在各地农村加快发展，农业机械为减轻农业劳动的繁重带来了前所未有的希望。同时，农业的富余劳动力也开始大量转移到城镇二、三产业。随着社会主义市场经济体制的逐步确立，对农民外出就业的束缚在逐步解除，农村劳动力的跨地区流动日趋活跃，并逐渐成为农村劳动力向非农产业转移的主要形式。从1978年到1998年，全国农村劳动力外出就业人数从不足200万人增加到6 500万人。到2003年，实际外出就业数量已达9 900万人，比上年增加500万人。2004年农村外出务工劳动力数量首次超过1亿人，达到1.182 3亿人。取消农业税之后，农村劳动力转移又形成了连续数年的快速增长，到2010年达到约2.42亿人。

国家统计局发布的农民工监测调查报告显示，近几年，农民工总量增速呈持续回落态势。2011年、2012年、2013年增速分别比上年下降1.0、0.5和1.5个百分点。2014年全国农民工总量2.74亿人，比上年增加501万人，增长1.9%，同比增幅回落0.5个百分点。2019年农民工总量达到29 077万人，比上年增加241万人。2020年，全国农民工总量28 560万人，比上年减少517万人，下降1.8%。这表明，随着我国劳动年龄人口峰值的到来，农业转移人口在城镇落户速度加快，农村剩余劳动力供给处在拐点。这就是学术界念叨了很久的"刘易斯拐点"，即在工业化过程中劳动力供给由过剩向短缺的转折点，农村富余劳动力逐渐减少。当然这一拐点目前仍然处于渐变中，包括2020年农民工数量的减少，应该有新冠肺炎疫情的影响，农民工总量仍然相对稳定增加，就地就近转移成为农民工转移新特点。

为什么农民工总量的增速会呈现持续回落态势？因为农村富余劳动力转移一直在持续进行，本来就快要到临界点了，同时近年农民工工资水平快速提高，反映了我国劳动力市场供求关系正在发生深刻变化、城市生活成本迅速上升等客观现实。在经济结构转型升级中，农民工将面临转岗、迁移、是否及如何融入城市等问题。

而对农村来说，这些闯荡过城市和市场的农民身份的打工者或创业者之中，以及制度允许的其他人群中间，能否形成足够多的愿意且能够经营现代农业，并从中获取社会平均利润的农业经营主体，是至关重要的事情。缺少了精英的村庄，多少都会有些失魂落魄，而这样的经营主体们将会成为村庄里的灵魂人物。

相信随着乡村振兴战略的实施，农村不仅在基础设施建设方面，在人才、产业、文化、生态等方面都将有越来越显著的改善和发展。

四、保障农民收入水平是硬道理

吃苦耐劳、默默奉献的中国农民，长期以来为我国革命和社会主义建设与改革发展事业做出了巨大的历史性贡献。无论在任何时期，农民保障粮食生产，是具有社会公益性和价格硬约束的社会职业，农民的权益和收入水平都应当得到应有的保障。

第三章　可敬的农民

（一）

中国共产党领导的中国革命最终取得成功，依靠的基本人力资源是组织起来的农民。"谁赢得了农民，谁就会赢得中国"，是深刻了解中国国情的毛泽东早年对于中国革命基本路径的基本判断。

在1927年3月发表的《湖南农民运动考察报告》中，毛泽东这样描述他所理解的农民运动和农民的作用：

"目前农民运动的兴起是一个极大的问题。很短的时间内，将有几万万农民从中国中部、南部和北部各省起来，其势如暴风骤雨，迅猛异常，无论什么大的力量都将压抑不住。他们将冲决一切束缚他们的罗网，朝着解放的路上迅跑。一切帝国主义、军阀、贪官污吏、土豪劣绅，都将被他们葬入坟墓。一切革命的党派、革命的同志，都将在他们面前受他们的检验而决定弃取。站在他们的前头领导他们呢？还是站在他们的后头指手画脚地批评他们呢？还是站在他们的对面反对他们呢？每个中国人对于这三项都有选择的自由，不过时局将强迫你迅速地选择罢了。"

1936年7月，毛泽东在延安会见美国记者斯诺时说："谁赢得了农民，谁就会赢得中国；谁解决土地问题，谁就会赢得农民。"

1940年1月，毛泽东在《新民主主义论》中进一步指出："中国的革命实质上是农民革命"，"农民问题，就成了中国革命的基本问题，农民的力量，是中国革命的主要力量。"

抗日战争胜利后的解放战争期间，三大战役中，千里运输线上奔流着一支亘古罕见的支前大军：支前民工多达880余万人次，支前大小车辆141万辆，担架36万余副，牲畜260余万头，粮食4.25亿千克。特别是淮海战役中，民工的支援功不可没，时任华东野战军司令员陈毅曾说："淮海战役的胜利，是人民群众用小车推出来的。"

（二）

新中国成立伊始，就在全国范围内率先开展土地改革和农业社会主义改造，为社会主义制度的初步建立奠定了基础。由此开始，依靠"三农"发展提供的巨额原始积累，新中国从"一穷二白"的起点上逐步建立起完整的工业体系和国民经济整体布局。

到1952年底,除了部分少数民族地区外,全国基本上完成了土地改革。约3亿无地少地农民分到了约7亿亩土地和大量的农具、牲畜和房屋等;而之前每年需要向地主缴纳的约3 000万吨粮食,从此就永远免除了。

为了纠正土改中出现的土地兼并现象,使农民永远不会失去土地,以避免历史悲剧的重演,全国基本完成土地改革不久之后,中国农村的土地制度就走上了集体所有制的道路。到20世纪50年代末,中国农村全面实行了土地集体所有制。

农村土地的集体所有制,是指农村土地分别属于一个个具体的农村集体经济组织的成员集体所有,而这样的农村集体经济组织在全国有数百万个之多;农村集体的土地所有权不可分割到农户家庭和个人,土地的所有权不能买卖。

但是,在探索集体土地所有制条件下如何搞好社会主义生产的问题上,由于没有成熟的经验可借鉴和步伐太快等原因,农民的生产积极性受到一定的抑制,农业生产形势无法兼顾对工业化的支持与解决全国人民吃饭穿衣的两方面重大任务,国民经济的发展因而严重受挫,部分农民甚至陷入了穷困之中,尤在青黄不接之时度日维艰。

"农业是国民经济的基础,粮食是基础的基础,加强农业战线是全党的长期的首要的任务"。

这是1960年7月10日中共中央发出的《关于全党动手,大办农业,大办粮食的指示》中强调的重要内容,概括出了我党通过正反两方面的经验与教训对"农业战线"的深刻认识。

(三)

改革开放之后,中央尊重农民创造的包产到户等农业生产模式,

农村家庭联产承包责任制自1982年后在中华大地开始推广实行,20世纪80年代废除了人民公社体制,1992年的《宪法》修正案,正式将这一中国农村的基本经营制度在国家的根本大法中确立下来。实行以家庭承包经营为基础、统分结合的双层经营制度,但这并没有改变农村土地仍属

于集体所有的性质，农村集体经济组织依然存在。

从 2006 年开始，全国统一取消了农业税，用农民的话说，从此不用交"公粮"了。这样的条件下，土地集体所有的性质没有变，但农民与土地的关系发生了很大的改变。农民，特别是青年农民，不再感受到对土地的"依附"，虽然仍重视土地上的权益，却能从更大视野看待自身劳动力的经济价值和就业取向了。中央对由此产生的土地问题的改革也在继续推进。

农业税是国家对一切从事农业生产、有农业收入的单位和个人征收的一种税，俗称"公粮"。据史料记载，农业税始于春秋时期鲁国的"初税亩"，到汉初形成制度。在历史上，它是历朝历代得以维持发展的主要经济来源，是中华文明得以永续发展的物质支撑，也是新中国工业化、城镇化起步阶段的主要资金来源。

农业税，虽然已经是历史，却代表着长期以来农民对国家发展的超常的付出与奉献，是值得我们永远铭记的重要的事儿。

新中国成立以后，1950 年 9 月中央人民政府批准并公布了《新解放区农业税暂行条例》。1952 年后，根据土地制度的改革、农业生产的发展等情况，对农业税政策作了一些调整。1956 年起，我国生产关系发生了根本变化，中央开始起草新的农业税条例。

1958 年 6 月 3 日，第一届全国人大常委会第九十六次会议审议通过了《农业税条例》。这是新中国成立后第一部全国统一的农业税税法。

在相当长的时期中，我国农业和农村的发展与变迁是在为工业化、城镇化进程做贡献的大背景下前行的。农业对工业化、城镇化发展的贡献，除了农业税之外还通过工农产品剪刀差来实现。正是依靠"三农"发展提供的巨额原始积累，新中国从"一穷二白"的起点上，逐步建立起比较完整的工业体系和城镇化基础。

改革开放之初，在小岗村人紧张地履约"红手印契约"时，国家相关部门的顶层设计也在紧锣密鼓地进行。

进入 21 世纪，解决好"三农"问题被定位为全党全国的重中之重，一系列"多予少取放活""强农惠农富农"政策连续出台。2004 年 3 月，第十届全国人大二次会议的《政府工作报告》提出，自 2004 年起逐步降低农业税税率，平均每年降低1个百分点以上，5年内取消农业税。

自中央政府宣布逐步取消农业税后，农村税费改革骤然加速。从2004年农村税费改革模式看，主要有三种：第一，全部免征农业税。如吉林、黑龙江、北京、天津、浙江、福建。西藏一直免征农业税，上海于2003年开始免征农业税。第二，降低农业税3个百分点。全国有12个省份实行的是这一模式。第三，降低农业税1个百分点。全国有11个省份执行这一模式。各地积极落实减免农业税的政策，当年全国农税负担平均减轻30%，农业税在全国财政收入中的比重已经不足1%。

2005年，农业税减免进一步提速。当年3月，在第十届全国人大三次会议上温家宝总理所作的《政府工作报告》提出，加快减免农业税步伐，在全国大范围、大幅度减免农业税，2006年在全国各地全部免征农业税，原定5年取消农业税的目标，3年就可以实现。据统计，至2005年底，有28个省份已经全部免征农业税，另外3个省份即河北、山东、云南也已经将农业税率降到了2%以下，并且这3个省中有210个县免征了农业税。至此，农业税已经名存实亡。

随着2005年12月第十届全国人大常委会第十九次会议审议通过废止《农业税条例》的决定草案，2016年起全国取消农业税，农业税在中国成为历史。

取消农业税之后，在以下几个方面产生了积极的影响：

一是大幅度减轻了农民负担。全面取消农业税，清理整顿了各项税费和摊派，有效遏制了曾经一度屡禁不止的农村"三乱"现象，初步建立了农民减负增收的长效机制，使更多农民加快了脱贫的步伐。

二是推动了农村上层建筑的调整。全面取消农业税，有利于加快公共财政覆盖农村的步伐，推动基层政府职能转变，规范基层行政行为，促进农村基层民主政治建设。

三是强化了农业基础地位。加入世界贸易组织（WTO）之后，我国农业面临着严峻挑战。如果对农业征税，则使农业在国际上处于不利竞争地位。取消农业税，有利于增加农业生产投入，提高农业综合生产能力和国际竞争力。

四是开启了统筹城乡发展新纪元。全面取消农业税，标志着我国城乡二元税收制度的终结，使更多农业富余劳动力能够转移到非农产业和城镇就业，有利于他们增收致富摆脱贫困，有利于促进城乡统筹发展，从根本上解决三农问题，加快全面建设小康社会的进程。

"铸鼎刻铭，告知后人"。2006年，河北省灵寿县清廉村农民王三妮满怀感谢党恩的心情，自费铸了一尊三足青铜圆鼎，鼎上铭记了历代田赋变迁，命名为"告别田赋鼎"。如今，这尊鼎就静静地立在中国农业博物馆四号展厅里，代表着无数农民的心情，无言地诉说着时代的变迁。

"告别田赋鼎"令人感慨，农民是最具感恩情怀的社会阶层，但我们全社会其实都应该感恩农民。不仅仅因为农民是我们必须食用的农产品的生产者，还因为农民祖祖辈辈承担了社会动荡的终极痛苦才使国脉得以延续，在自身缺衣少食的状态中担负了新中国从农业国向工业化城镇化发展中原始积累的重担。

虽然农业税已经成为历史，但是长期存在的农业税所蕴涵的三农对于文明发展以及对于新中国工业化城镇化和各方面综合发展所做的历史性贡献，值得永远铭刻在史册中，铭记在全国人民特别是为三农服务的各方面公务员的心中。

（四）

与自身相比，当前农民收入的增长与农村生活环境的改善，已经到了与贫困时期不可同日而语的程度。但是，在工业化、城镇化、信息化快速发展的形势下，与城市居民相比，与农民群众对美好生活的期待相比，与乡村振兴的目标相比，与中国梦的民生目标相比，农业农村发展仍然面临着极为艰巨的任务。

1981年党的十一届六中全会通过的《关于建国以来党的若干历史问题的决议》重新认识国情，提出"在社会主义改造基本完成以后，我国所要解决的主要矛盾，是人民日益增长的物质文化需要同落后的社会生产之间的矛盾"，提出党和国家工作的重点必须转移到以经济建设为中心的社会主义现代化建设上来，大力发展生产力，并在这个基础上逐步改善人民的物质文化生活。在这个时代，中国经济开始起飞，此后30多年GDP年均增速达到9.9%，创造了世界经济增长最高纪录。从基本解决温饱到总体小康水平，从全面建设小康社会到全面建成小康社会，中国已从极贫困阶段跨越性地进入上中等收入国家行列，社会主要矛盾发生了新的转化。

党的十九大报告首次作出重大判断，"中国特色社会主义进入新时代，我国社会主要矛盾已经转化为人民日益增长的美好生活需要和不平衡不充分的发展之间的矛盾"，这是十九大报告中一个具有深远意义和影响的重大理论突破。

据有关专家研究，我国收入差距约 50% 来自城乡之间的差距，城乡差距的走向对整体收入差距的变动起着决定性作用。国家统计局的统计数据显示，我国城乡之间的收入比最近十余年持续下降，从 2009 年的 3.33 下降到 2010 年的 3.23，进一步下降到 2011 年的 3.13……2019 年下降到 2.73。城乡收入比下降的背后，是农村居民人均纯收入实际增速连续较大幅度超过城市居民收入增幅：2010 年为 10.9%，是新世纪以来农村居民纯收入增长速度首次超过城镇居民可支配收入增长速度；2011 年为 11.4%，显著地快于城镇居民收入 8.4% 左右的增幅……2018 年为 9.2%，还是快于城镇居民收入 7.6% 的增幅；2019 年为 10.1%，仍然快于城镇居民收入 7.8% 的增幅，城乡居民收入差距缩小的态势还在继续。

从打赢脱贫攻坚战到全面实施乡村振兴战略，一以贯之的工作是持续快速提高收入较低的农民的收入水平，弥补农村发展的短板。期望各地在全面小康社会的进一步发展建设中，抓住提高收入水平的牛鼻子，把改革创新的精神很好地运用到实施乡村振兴的伟大实践之中。

（五）

解决农民问题，需要充分重视农民的养老问题。

2019 年春节期间，作者在山西省运城市调研时了解到，当地农民群众和有识之士，强烈希望政府为与共和国同龄的 70 岁及以上老年农民发放养老津贴。

受访者认为，发放老农养老津贴，能促进敬老爱老良好风尚和文明风范的形成，是实现历史与现实公平的需要，对实施乡村振兴战略和保障国家长治久安，彰显新时代中国共产党不忘初心无微不至关注民生的形象都十分重要。

第三章 可敬的农民

新中国成立后出生的第一代农民现在已是 70 多岁的年纪。这些人历经辛苦，在物质匮乏时期，自己忍饥挨饿，却把最好的粮食尽可能多地缴给国家，为保障城市人口的粮食供应做贡献。改革开放后，他们中许多人又率先进城务工就业，丰富了城镇劳动力资源，也促进了二、三产业的发展。他们几乎一生在为国家做贡献，但其中不少人养老条件却相当差。基层各界普遍认为，对 70 岁及以上的老农，目前的养老保险制度不足以保障他们安度晚年，国家有义务和责任来帮助解决他们的养老问题。

时任垣曲中学校长姚润勇认为，崇德尚礼、孝亲敬老，可以说是中华民族的重要文明密码；发放老农津贴是古老文明密码与当今时代的契合点。漫漫数千年以来，无论社会怎样发展，我国孝亲敬老的基本伦理核心始终存在。新中国也十分重视尊老传统，1989 年，我国把重阳节定为"老人节"，2006 年国务院又将"重阳节"确定为我国"非物质文化遗产日"。向在共和国发展建设最艰难的时期，在农业为工业和城市发展提供积累阶段坚守农业生产奉献青春岁月的老年农民，通过发放老农津贴的方式表达敬意，是非常适宜甚至是非常必要做的一件大事。

时任运城市银保监分局办公室副主任刘磊认为，新中国成立以来在长期存在的城乡二元社会结构下，国家对农村基础设施等方面投入不足，农民在占有公共物品和享有社会福利等社会资源的分配中处于劣势，由此形成公民迁徙、劳动就业、子女教育、财产增值和社会保障等诸多方面对农民的不平等，导致农民聚集财富的能力、渠道和机会总体上严重不足，致使其收入水平与所做出贡献相比存在较严重的现实与历史不公平。对数十年从事农业生产的老年农民来说，尤其如此。推出向老年农民发放老农津贴的制度，是实现历史与现实公平的需要，也是强化农业与农村发展的强烈信号，对实施乡村振兴战略和保障国家长治久安十分重要。

垣曲县皋落乡西窑村原会计徐明岐（曾任村会计 10 多年，时年已 70 岁）认为，这些年来国家减免农业税、发放各种直补都是历史上所没有的好政策，但是真正务农的农民的收入还是比较低的，收入增幅甚至赶不上通货膨胀的速度，基础养老金远远不够，不少农民到了老年生活没保障，十分期望得到国家的关怀。根据他的计算，在当地每个农业人口每年平均从政策中获益 100 元左右，70 岁以上的老年农民还有每月近 100 元的基础养老金用于生活开支。目前，随着物价水平提高，这样的保障是偏低的，没有子女孝敬补贴生活费的话无法生活。所以，老年农民非到不能动弹，一般都得下地干活。他说，国家公务员一涨工资往往就是几百元，干部和企事业单位退休人员退休金每年也在增长，可是农民在几千年未有的好政策支持下，辛苦一生不足以安度晚年是不应该的，很需要老农津贴这样的制度来扶持！

据了解，全国城乡居民基础养老金最低标准在 2018 年提高到每人每月 88 元。随着全国最低标准的上调，2019 年多地的基础养老金也随之上浮。以 2018 年最新标准为例，最低的地区执行的是国家规定的下限 88 元/（月·人），最高的地区是上海 930 元/（月·人），平均每人每月百元左右。目前城乡居民养老保险参保人数已经超过 5 亿人，领取待遇的人数超过 1.5 亿人，但 70 岁以上老年农民基本上属于领取基础养老金的人群。2018 年，企业和机关事业单位退休人员基本养老金总体上调 5% 左右，实现了"十四连涨"。为老农发放养老津贴是顺应时势的雪中送炭之举。

那么，对于老年农民的养老津贴到底发放多少为宜，或者说到底每月多少才能解决他们最基本的生活问题？刘磊分析认为，从现实看，这个数据不太好全国统一，但从历史看，作为对曾经的物质短缺时代粮食安全做出贡献的一种补偿性津贴，东中西部农民的心理预期差异应该不大，考虑到消费实际和国家的承受能力，津贴的数额在 300～500 元比较合适。

发放养老津贴的钱从哪里来？据相关机构统计数据，全国 70 岁以上老人有近 1 亿人，其中农民约占 50%～60%，达 5 000 万～6 000 万人。如果每人每年按 4 000～5 000 元计算，大约需要 2 000 亿～3 000 亿元。业内人士认为，这个数额确实庞大，但与各地社保资金动辄上万亿的规模相比，并非不可承受之重。老农津贴的资金，可原则上由省级财政承担，根据实际负担情况，中央财政可以制定适当的补贴制度。如果目前单独由财政负担仍然心有余而力不足，还可以建立老农养老津贴专项基金，通过多种渠道筹集资金。比如，每年将反腐败没收贪官污吏的钱全部充公到该专项基金；将 70 岁以上退出劳动的农民的土地进入流转环节收取租金，作为专项资金补充到该基金；还可将现有退休城镇人员的工资增速适当减缓，节约部分补充到该基金。

作者综合各方意见，如果实施老农津贴制度，在具体实施过程中，可由公安机关户籍管理部门提供全国70岁及以上农村老年人名单，按户口登记，不遗失一人，并逐级上报；建立真实性报告机制；老农户籍所在地应严格审查核实，杜绝任何舞弊行为。另外，可建立农村70岁以上老农津贴的动态调节机制，调整时间间隔可以根据国家统计局公布的物价指数，两三年一次调整，以确保农村老年人的养老津贴跟上物价上涨的步伐。

给70岁及以上老年农民发放养老金，社会意义重大，主要体现在以下几个方面：

一是可让老年农民安享晚年，过上有尊严的生活。不再指望靠自己的子女养老，消除生活中的许多忧虑和不快，必将大幅提高老农的幸福指数。

二是可一定程度刺激农村消费。让这部分老年人有能力消费，也敢于消费，这对拉动内需会起到一定的推动作用。

三是起到很好的社会示范效应，促进新型农民更好地扎根农村生活，推进农村社会经济持续繁荣稳定和发展。发放老农津贴将有利于夯实农业基础，保障重要农产品供给。我国实行土地承包第一代农民都已老了，很多限于身体的原因，不少已退出繁重的体力劳动，而年轻的新一代农民却大都不在农村从事农业生产了，而是活跃在城市的各条战线打工谋生。如果老年农民的养老问题解决得好，必将对未来新型农民坚守农业生产产生有利的影响。

四是有利于加强党和政府以人民为中心服务理念的影响力。发放老农津贴，可以彰显党和国家对农村农民的高度重视，提高农民的社会地位，使得全社会更好地理解实施乡村振兴战略的重要地位和党的强农惠农富农政策，引导农民更好地听党话、感党恩、跟党走。

五是有利于巩固脱贫攻坚和全面小康社会的成果。发放养老津贴，可以使得老农与贫困户交集的人群更好地摆脱贫困，而已摆脱贫困的老农则减低了返贫的可能。这是一种更有国家认同感也更稳固的"脱贫"方式。

六是发放老农津贴，将让世界铭记中国对农民的关怀，并启示后辈不忘记新中国成立以来的工业化、城镇化、信息化大发展，是建立在农民辛勤劳作与节俭生活基础上的。

　　最近，笔者到农村走访，时常听到老人们议论的话题诸如王家的教师涨工资了，李家的退伍军人领到工资了等，无不充满艳羡的语气，而说到自己还得不停地干活才能养老，只有唉声叹气的份。从历史上来说，在国家困难时期，军人为国防安全尽义务，农民为粮食安全做贡献，各尽其职，都十分了不起。如果国家参照对退伍军人工资的筹集与发放办法，为全国 70 岁以上的老农发放津贴，以体现对他们为农业发展所做贡献的肯定与老年生活所需的帮助，善莫大焉。从农村社会的横向比较来看，实行老农津贴也十分必要。

　　老农津贴制度可以成为我国养老保障制度的重要的辅助政策。在养老保障体系完善之后，这一制度可依据情况进行听证评估而终结。

　　在中国人看来，一个人不管前半生多么辛劳坎坷，如果有着幸福绵长的老年，都可以说他此生是幸福的；反过来，即使在前半生风光，但老时潦倒不堪，则他此生也是失败的。为"粒粒皆辛苦"忙碌了大半生的老农，他们作为寿者的幸福，也展现国家的公正和社会的祥和，让后来者对人生有更多憧憬。从给老农发放养老津贴做起，让我们社会的老年人尽可能都过上优裕、有尊严的生活，将树立起道德传承的风向标，将是我们的文明与社会活力之福。

第四章

可贵的压舱石
——粮食丰收的战略意义

虽然中国历史上饥馑之年甚多,但新中国的粮食问题总体上是解决得好的,远远好过美国前国务卿艾奇逊和布朗教授的预期。改革开放以来,党和国家更全力抓好粮食和重要农产品稳产保供,确保国家粮食安全,为经济社会平稳发展提供了坚实保障。粮食和重要农产品稳产保供,成为全面建成小康社会和进一步全面推进社会主义现代化建设航船不断稳步前进的压舱石。

新中国成立前,粮食产量最高的年份是 1936 年,全国的粮食产量为 3 000 亿斤。到 1949 年降为 2 263.6 亿斤,全国 5.4 亿人,人均才 209 千克;1952 年升至 3 278.4 亿斤,全国 5.7 亿人,人均 285 千克;1984 年达 8 146 亿斤,全国 10.4 亿人,人均 390 千克;2020 年,全国的粮食产量是 13 390 亿斤,全国 14.1 亿人,人均 474 千克。目前,中国用占不到世界 9% 的耕地解决了世界 20% 人口的吃饭问题,这背后是农业综合生产能力的显著增强和供给保障能力的大幅改善。

习近平总书记一再强调,粮食安全,乃国之大者。党中央始终把解决好吃饭问题作为治国理政的头等大事,确立了"以我为主、立足国内、确保产能、适度进口、科技支撑"的国家粮食安全战略,提出了"谷物基本自给、口粮绝对安全"的新粮食安全观,扎实推进藏粮于地、藏粮于技战略,完善粮食支持保护制度,粮食综合生产能力不断提升。

2021 年全国粮食产量实现历史性的"十八连丰",连续 7 年站稳 1.3

万亿斤台阶。2021年，在克服罕见洪涝灾害的背景下，全国粮食生产仍然具有稳产保供的足够定力，尤为难得。在应对新冠肺炎疫情中，全球粮食供应链受冲击，一度引发恐慌，国际农产品市场剧烈波动，而我国粮食等重要农产品供给充裕、价格稳定，可以说是风景这边独好。

一、高分、高票与高产

中国人的吃饭问题到底是如何解决好的？到底是如何保障不断增加的世界第一人口大国的粮食供给的？在回顾新中国成立至今我国粮食发展历程之前，先讲几个小故事。

（一）

第一个是上海解放之初的故事。

1949年5月27日，上海解放。当时，国民党给新中国成立前的上海留下了一个烂摊子，物资短缺，通货膨胀非常严重，货币体系全面崩溃，商人囤积居奇，投机盛行。国民党在丢失上海之后，命令海军对上海实行了海上封锁，导致上海的物资进一步短缺，物价飞涨。而且国民党在逃窜之时，掳走和摧毁了大部分轮船，铁路线也遭到破坏，物资运输困难。因而，上海的粮食与煤炭仅够半个月之用，新成立的上海市政府一方面联合各个航运公司，用有限的船只迅速恢复通航，并派人打捞国民党炸沉的船只，由修船厂全体工人加班加点进行维修，另一方面组织铁路员工与工程团抢修铁路，并打击搞破坏的特务。

到7月初，铁路线已基本修复，各地的物资得以源源不断运抵上海，最先解决了煤炭供应，然而粮食问题却是难上加难。此时解放战争还在继续，数百万解放军战士的军粮需要供应，解放区的战后重建也刚刚开始，物资缺口极大，经济体制也尚未建立，从全国征集粮食供应上海的难度可想而知。即便如此，政府仍然在江淮地区，征集到了一部分粮食运往上海，濒临倒闭的各大面粉厂也得以重新开工。但这批粮食是通过战争动员的方式获得的，不可能常态化，必须尽快稳定上海市场。

彼时，上海是新旧两种势力进行决斗的主要战场。大大小小的不法资本家及各路投机商利令智昏之下，在经济领域向共产党发起了猖狂进攻，并扬言要让"人民币进不了上海""共产党是军事 100 分，政治 80 分，经济打 0 分"，国民党特务也狂妄叫嚣，"只要控制了两白一黑，就能置北京政权于死地"。

投机商们将目光盯上了粮食、棉纱与煤炭，即所谓的"两白一黑"，大量投机资金进入市场，甚至与北京、天津等地的商人联合，大肆哄抢、哄抬物价。从 6 月 21 日到 7 月 21 日，米价上涨了 4 倍，老百姓即使有钱也买不到货，生计困难。上海作为当时中国最大的工业及商业城市，在其解放之后两个月里，不但没能为新中国的经济做出贡献，反而需要各个解放区的输血。

上海的经济如果不能稳定，不仅会打击社会各界对共产党执政能力的信心，也会严重影响国内的经济形势，中央决定由陈云同志担任中央财经委员会主任，重点解决上海问题。

7 月 19 日，陈云抵达上海，立即做了三个方面的部署：第一，从全国调集了大批物资由中财委掌握，以便在合适的时机给投机商以毁灭性打击；第二，重整金融市场，对私营钱庄和地下拆借进行登记、改组、停业或处罚，大大减少了投机商的资金来源；第三，深入接触上海的民族资产阶级，稳定了人心，为恢复生产打下了基础。

陈云经过调查认为，上海如果每天供应三百万斤粮食，便可够市民消费底线。于是他组织人员从各产粮地区配售大米，每月配售 3 000 万斤。7 月底正值江苏早稻成熟，且价格低于上海，陈云立即组织人员收购江苏大米，运往上海。期间，不法投机商见政府运来粮食，便组织高价收购，企图把共产党调来的粮食也控制在手里。加上 1949 年华北地区因为自然灾害导致粮食歉收，国家储备又严重不足，京津地区粮价率先上涨，随后波及全国。

从 10 月 15 日起，上海米价上涨 3 倍，棉纱上涨 3.5 倍。投机商大量囤积粮食拒不出售，百姓怨声载道。

但好在经过半年的布局，政府对货币与物资的控制已经非常牢固，于是陈云准备一举收网。从 11 月 15 日起，从东北调运了 1 亿多斤粮食入关，急令"须每日运粮一千万至一千二百万斤入关"。陈云亲自坐镇，一

粮食的分量——沉甸甸的压舱石

方面收紧银根、压缩贷款，投机商人贷不到钱，只能动用有限的本金；另一方面让全国各地每天报告市场行情与动态，陈云通过分析通货膨胀的程度与物资数量，对市场做出了精准判断，决心在 11 月 25 日发动决战，到了当天，全国各地开始同时抛售粮食棉纱，并且边抛售边降价，投机商们以为有利可图便大举吃进，可没过几天，仓库满了，资金没了，政府仍然在源源不断地降价出售，同时搭建起无数个粮囤，以示政府手中有的是粮，投机商人面对无底洞般的粮食供应终于坐不住了，市面上的粮食越来越多，价格一降再降，再囤积下去恐怕要倾家荡产，于是也开始大量抛售，物价应声暴跌却依旧难以脱手，投机商不仅血本无归，还要承受高利贷的催债，结果赔了个底儿掉。

大胜之后的陈云并没有掉以轻心，依旧呕心沥血向上海调粮，原本计划在 1950 年春节后第一个"红盘"再度兴风作浪的投机商，面对政府充足的粮食储备，再也不敢轻举妄动。到 1950 年上半年，上海国家粮库储存的粮食高达 17 亿斤，上海的市场终于得以稳定，不法投机商被彻底挤出了粮食市场。

这就是手中掌握大量民生物资的威力。这场米棉之战也使得中共中央领导人意识到，市场和生活基本资料一定要由国家掌控，永远不能落到私人资本的手里。上海的银元之战、粮食之战、棉花之战也充分说明，中国共产党在经济上照样能考 100 分。

（二）

第二个故事是高票当选的故事。

2019 年 6 月 23 日，一则发自罗马的新华社电讯吸引了国人的目光，消息的标题是《农业农村部副部长屈冬玉当选联合国粮农组织总干事》。

据报道，联合国粮食及农业组织大会第 41 届会议在意大利首都罗马召开，中国农业农村部副部长屈冬玉在首轮选举中，以 108 票的高票成功当选联合国粮农组织新任总干事。这是该组织 74 年历史上首位中国籍总干事。

此次中国人高票当选，是国际社会投给中国的高度信任票、高度信心票，寄托着国际社会希望用中国智慧来解决世界粮食问题的厚望。同时这也是中国参与全球农业治理、彰显大国担当的标志性事件，具有重要的里程碑意义。

此次中国人高票当选，既是中国人通过自身不懈努力和发展实力赢得的，也要感谢国际社会所给予的契机。这意味着，中国人在国际组织中将担负更重要角色、发挥更重要作用；这意味着，中国人走上了能够为世界反饥饿反贫困事业贡献更多力量的更大舞台，有了更多为世界人民服务的机会；这意味着，中国人将以更加开放和积极的态度投身到全球粮食安全和农业发展体系当中，肩负起参与联合国事务与管理的责任和重担。

此次中国人高票当选，充分表明国际社会对新中国成立70年来，尤其是改革开放40年来的农业发展和脱贫工作成就的高度认可。回首新中国农业发展历程，能够清晰地看到：过去70年来，中国走出了一条适合中国国情的粮食安全高质量发展之路，14亿中国人不仅解决了吃饭问题，也为世界粮食安全贡献着中国方案。从1974年第一次世界粮食会议上，各国代表及专家对中国"绝无可能养活10亿人口"的深度忧虑，到1984年联合国粮农组织大会上，中国政府向世界宣布"中国基本解决了温饱问题"；从2014年、2015年中国先后被联合国粮农组织授予联合国千年发展目标中减少饥饿目标证书、世界粮食首脑会议减少饥饿目标证书，到成为南南合作的最大贡献者，为发展中国家粮食安全提供宝贵的技术援助；从早年的粮食受援国到向许多南半球国家提供技术援助和其他粮食解决方案的主要援助国……中国在致力自身消除贫困、走出特色减贫道路的同时，也为世界提供着中国智慧、作出中国贡献，树立了负责任大国的良好形象。

此次中国人高票当选，充分反映出国际社会对中国发挥负责任大国作用的更高期待。在全球粮食安全和农业发展领域，国际社会期待听到中国声音、看到中国方案。对于世界，尤其是广大发展中国家而言，这是中国与世界分享三农发展成功经验的契机，有利于促进世界农业发展、解决粮食问题；有利于进一步深化可持续发展理念、强化变革创新精神，更好地引领全球粮农事业发展；有利于汇聚更广泛的力量开创更好生产、更好营养、更好环境和更好生活的新世界。在全球粮农事务中，中国不能缺席，世界呼唤大国的担当和作为。

在当选之后的这两年多时间里，我们看到了，FAO 在首位中国籍总干事的带领下，正在走向全新时代，正在不遗余力为落实 2030 年可持续发展议程、实现零饥饿目标发挥更大作用，正在为致力于全球反饥饿事业、构建人类命运共同体作出新的更大贡献。

（三）

第三则是丰收的喜讯。其实，丰收的喜讯已经持续了 18 年。

2021 年 7 月 14 日，国家统计局发布 2021 年全国夏粮播种面积、单位面积产量、总产量。数据显示：夏粮总产量 2 916 亿斤，比上年增加 59.3 亿斤；播种面积 39 657 万亩，比上年增加 398.2 万亩；单位面积产量 367.7 千克/亩，比上年增加 3.8 千克/亩。

丰收！丰收！简简单单的几行数据，字里行间透露的都是丰收的讯息；看似枯燥乏味的数字，懂得其意义的人们读到的却是喜悦和踏实。或许，很多人根本不会看到，或是看到了只是一扫而过，认为与己无关。然而，实际上，这份丰收与每个人都息息相关。

这份来之不易的丰收所对应的，是足以抵御饥饿、满足口腹之需的最为珍贵的粮食，是千家万户餐桌上热气腾腾的白面馒头包子油条，是根本的基石、动能的源泉、信心和底气，是每一个中国人努力拼搏、奋战在希望之路上的力量和勇气。

再往前回看，截至 2021 年底，我国每年的粮食总产量已经连续 7 年稳定在 1.3 万亿斤的水平上，并且实现了难能可贵的"十八连丰"。正是我们国家粮食生产实现了多年的连续丰收，正是这一年年、一季季弥足珍贵的丰收，充盈起了我们的大国粮仓，构筑起我们坚实稳固的"基本盘"和"压舱石"，才能够让我们在惊涛骇浪袭来时波澜不惊、固若金汤，才能够让我们以百倍的决心战胜肆虐的新冠肺炎疫情。

2020 年新冠肺炎疫情，对于所有经历过的人来说，恐怕都是一生中难以抹去的记忆。2020 年的开年，是从遭遇一场新中国成立以来传播速度最快、感染范围最广、防控难度最大的疫情开始的。紧张恐惧、焦虑茫然、无所适从，是人们的普遍情绪。

好在我们有农业这个坚实的后盾，好在我们的米面油蔬果等生活必需品供应充足。特殊时期，许多行业可以暂停或歇业，许多物资用品可能不需要，但是三餐饮食却不能无，农产品供应却不能少，这是民生刚需，是生存物资，是生命线上的物资供给，是为战"疫"提供的最强有力的后勤保障。不难想象，倘若不足、假使缺了，对于疫情防控将是怎样的雪上加霜，势必会影响全力抗疫局面，最终带来不利影响。也正是因为我们的农业及粮食生产的"压舱石"稳固，我们才能有更多信心和腾挪空间来战胜疫情。

此后，随着新冠肺炎疫情蔓延全球，引发了一系列连锁反应。一些国家出现恐慌性抢购口罩、厕纸现象，更有多个国家限制粮食出口或加大粮食储备加紧囤粮。从国际社会到各个国家都在担心疫情引发粮食危机。中国作为人口最多的国家，是否会出现粮食紧张以至于波及国际粮食市场供应？然而，面对国际上的紧张局面和各界舆论的担心，我们以活生生的事实和响当当的数据给出了有力的回答。

从产能上说，我国粮食生产实现历史性的"十七连丰"，连续 6 年站稳 6.5 亿吨台阶，2020 年虽受疫情影响，虽然面临病虫害、洪涝灾害等多重不利因素的影响，我国的粮食生产再次交上了一份成绩亮眼的答卷，为稳全局、提信心、育新机、开新局奠定了坚实的基础支撑；从存量上看，我国小麦、稻谷等口粮品种，库存都处于历史最高水平；从进口量上看，谷物净进口量仅占全国生产量和消费量的 2% 左右，也主要是用于品种调剂和地区调剂。可以说，国际粮食出口限制完全不会影响我国粮食安全。

看数量，我国粮仓的根基日益牢固，粮食总产量不断迈上新台阶。"米袋子"更充实，"菜篮子"更丰富，"果盘子"更多彩，我国三大谷物自给率保持在 98% 以上，口粮自给率达到 100%。看质量，我国农业供给侧结构性改革持续发力，满足了人民群众消费需求的升级，提高了供给体系整体质量。"粮头食尾""农头工尾"带动质量兴粮，增品种、提品质、创品牌，传统成品粮加工行业产值占比下降，粮食深加工和食品加工行业产值增幅分别高于全行业平均水平 3.8 和 10.7 个百分点。

2021 年全国两会期间，农业农村部部长唐仁健表示，"我们的粮食安全完全能保障，我们完全能端稳中国人的饭碗。"主要理由是，"我国粮食已经保持了'十七连丰',最近6年一直稳定在1.3亿斤以上。目前我国人均粮食占有量474千克,连续多年超过人均400千克的国际粮食安全标准线。"人均粮食占有量反映着国家粮食丰裕的程度,是粮食安全重要的衡量指标。

据报道,目前我国粮食仓储容量已经超过6亿吨,稻谷和小麦的库存量能够满足全国一年以上的市场消费需求,其中,中储粮的总仓容、罐容就超过1亿吨。36个大中城市和市场易波动地区还建立了能够保障15天以上的成品粮油储备,为保供稳价奠定了坚实的物质基础。

从1949年到2019年再到2021年,从高分到高票再到持续的粮食高产,体现的是中国在解决吃饭问题上的决心和实力,彰显的是中国人自己养活自己的自信和底气。

二、全民炼钢、以粮为纲与口粮绝对安全

"洪范八政,食为政首。"

远观华夏悠悠五千载,多少个封建王朝因解决不了吃饭问题而造成社会动荡、人亡政息;近看20世纪40年代,粮食的极度匮乏造成百姓逃荒要饭、流离失所,成为几代中国人难以忘却的痛苦回忆。一粟一粒,关系国家安危。保障国家粮食安全是一个永恒课题。

自新中国成立以来,中国人的吃饭问题始终是中国领导人关注的大事。从全民炼钢,到以粮为纲,到"手中有粮,心中不慌",新中国解决粮食问题受到国内外安全形势影响,走过了曲折的道路。

(一)

我们国家第一代领导人高度重视粮食问题。毛泽东同志多次指出,"农业关系到五亿农村人口吃饭问题,吃肉吃油问题,以及其他日用性农产品问题……农业搞好了,农民能自治,五亿人口就稳定了。""商品性的农产品发展了,才能供应工业人口的需要""不抓粮食,总有一天要天下大乱。""在一定意义上,农业就是工业。""要工业化就要搞农业。"

遵循"革命加生产"就能解决中国人民吃饭问题的道理,第一代领导

人主要采取了十大政策措施：第一，实行土地改革，改变封建土地关系；第二，实行农业合作化，引导农民走集体富裕道路；第三，农业学大寨，提倡改天换地、自力更生精神；第四，把农业视作国民经济的基础，经济建设按农、轻、重顺序安排，国家增加农业投资，实现农业机械化；第五，加强水利建设，治理淮河、黄河的水害，发展和扩大灌溉；第六，增加农业科技投入，建立全国四级农业科技推广网；第七，实行军转民，成立建设兵团，创办大型国营农场；第八，鼓励知识青年上山下乡，开发北大荒粮仓；第九，实施以粮为纲的方针，保证粮食生产的耕地和劳动力资源；第十，实行粮食统购统销政策，留够农民所需粮食，保证城市居民的定量粮食供应。

这十方面措施，看起来相互衔接，自成体系，实行的效果却并不尽如人意。由于新中国成立之初就遇到立国之战——抗美援朝战争，加快发展工业尤其是钢铁等重工业，争取早日赶英超美成为领导层乃至全国人民的强烈愿望，因而一度出现了在农村家家户户砸锅卖铁，全民大炼钢铁的现象，最后出现了全国人民共同的三年困难时期。

（二）

农业农村从沉浸在全民炼钢的"大跃进"情形转变到以粮为纲的目标，与全国上下总结经验教训有关，也与党和国家主要领导人毛泽东的亲身体会有关。

1959年6月，毛泽东在离开家乡32年后回到他曾生活了十多年的韶山冲。在韶山的乡村里，毛主席遇见了一个小男孩，他手中紧紧地攥着一个东西。毛主席笑着问他手中攥着什么东西？当知道真相后，主席很难过。

毛主席猜是糖果，主席身边的工作人员猜是小玩意儿。当小男孩张开小手时，大家看到他手中攥着的却是芦根。主席问它有什么用啊？小男孩说饿了的时候，可以用它填饱肚子啊！

主席听了，顿时收敛了笑容，神色十分痛苦。他对身边的工作人员说，我要请乡亲们吃饭，费用从我的稿费中支出。吃饭的时候，主席拿起酒杯去各桌为乡亲们敬酒，却发现男乡亲桌上的饭菜已被吃得一干二净。

粮食的分量——沉甸甸的压舱石

主席又去女乡亲的饭桌上敬酒，心中才略觉宽慰，因为他发现她们的碗中还剩下一些饭菜。于是，主席劝道："吃啊，吃啊。"妇女们却笑着不动筷子。

当主席再劝的时候，一位妇女站起身来对主席说："孩子们很久没吃到这么好吃的饭菜了，是留给孩子们吃的。"主席听了，再也控制不住自己的感情，他默默地放下酒杯，独自走到院中，在夜色中，一边走，一边忧虑地喃喃自语："要想个法子啊，要想个法子啊！"

当主席身边的一位工作人员探亲归来，主席得知这位工作人员的母亲被饿死之后，心中格外难受。他将工作人员和自己的女儿叫到身边，带头和大家一起尝了工作人员带回的糠菜。

此时，我们的国家正值三年自然灾害时期，毛主席回京后带头节衣缩食，与百姓同甘共苦，其伟人的高风亮节让人敬叹。这样的经历相信也深深地触动了伟人的内心情感。回京后不久，毛主席在印发粮食部副部长陈国栋关于1959—1960年度粮食分配和粮食收支计划调整意见的报告上批示指出："多产粮，是上策。恢复私人菜园，一定要酌给自留地。凡此种种，可以多收。既已多收，可以多吃。这样做，农民的粮食储备就可以增得较多了。手中有粮，心里不慌，脚踏实地，喜气洋洋。"（《毛泽东思想形成与发展大事记》，中央文献出版社，2011年版，第718页）

之后，他老人家亲自修订的人民公社六十条等方针路线中也寄托着他一贯坚持的实事求是的追求。

从新中国成立到改革开放30年里，即从1949年至1978年，我国粮食产量从2 263.7亿斤增长到6 095.3亿斤。这个时期既取得了显著成就，也留下了深刻教训。新中国成立初期，我国粮食产量快速提高，但"大跃进"和人民公社化这些违背农业经济规律的大试验，直接导致粮食产量大幅度下降。1962年9月，《农村人民公社工作条例修正草案》（即俗称人民公社六十条）出台，明确指出，人民公社的基本核算单位是生产队。从1962年开始，粮食产量恢复上涨，并于1966年首次迈上4 000亿斤台阶，达到4 280.2亿斤，超过1958年产量。之后，我国粮食产量持续上涨，分别在1973年和1978年迈上5 000亿斤、6 000亿斤台阶，达到5 298.7亿斤和6 095.3亿斤。

在这30年里，除1959—1960年由于天灾人祸导致饿死人的沉痛教训外，大体上保证了8亿中国人的基本生活。这30年中，农业劳动生产率有了提高，平均每个农业劳动力年产粮食增加7千克；土地单位面积产量有了提高，粮食单位面积产量年增长率为2.36%；粮食生产的增长超过了人口的增长，人均粮食占有量以0.39%的年增长率增长，1978年人均粮食占有量达到324千克。

尽管到1978年膳食的热量、蛋白质和脂肪的供应水平分别只达到世界平均水平的90%、81%和50%，中国可说是低水平地养活着自己；尽管还有2.5亿农民有待解决脱贫问题，占农村人口的31%，占世界贫困人口的1/4，但毕竟中国人自己养活自己是公认的事实。

（三）

改革开放，从某种程度上说，是为了解决全国人民的吃饱饭问题。

当时，12亿人的吃饭问题，是中国的特大经济问题，也是特大政治问题。20世纪80年代邓小平在其报告、谈话和接见外宾中有比较系统的论述。邓小平像毛泽东一样称"农业是根本"，以相当大的精力关注农村、农业和农民问题，十分关注和重视粮食生产，把它放到实现小康目标的战略高度去观察、思考、解决。邓小平说："决不放松粮食生产，积极开展多种经营"，"不管天下发生什么事，只要人民吃饱肚子，一切就好办了。"

1979年邓小平与日本首相大平正芳谈话称，四个现代化这个目标是毛主席、周总理在世时确定的。中国要实现的四个现代化是中国式的，不是像日本那样的现代化概念，而是"小康之家"。

1983年，邓小平根据1982年出现的工农业总产值增长大大超过了原定的计划增长的形势，与国家计委、国家经委和农业部门负责同志谈话时特别提到，农业要有全面规划。在农业规划中，首先要有增产粮食的规划，即2000年要生产多少粮食，人均粮食达到多少斤才算基本过关。他还列举一系列手段，比如从增加肥料上、从改良种子上、从搞好农田基本建设上、从防治病虫害上、从改进管理上，以及其他手段上能够做些什么，增产多少，都要有计算。

粮食的分量——沉甸甸的压舱石

在解决中国人吃饭问题的办法上，邓小平认为应广泛听取各方面的意见，尊重群众的首创精神，通过群众实践汲取养料，积累、总结，使之变成办法。在所有制政策方面，邓小平要求大家吸取过去急于过渡的教训，主张联产承包责任制长期坚持不变，稳定30年，充分发挥农民的生产积极性和生产潜力。邓小平坚持农业是国民经济的基层地位不动摇，同时纠正"以粮为纲"的"小粮食"观念，提倡实行多种经营，发展乡镇企业，树立"大粮食""大农业"和农村经济观念。

邓小平时刻提醒人们注意，不忘过去20年吃饭问题上的历史教训。1986年他听取经济情况汇报后说，农业上如果有一个曲折，三五年转不过来。他提出要宏观上把农业放到一个恰当位置上，始终不要偏离20世纪末达到年产4 800亿千克粮食的总目标，要避免出现大量进口粮食的局面。他强调农业问题要始终抓得很紧。农村富起来容易，贫困下去也容易，地一耕不好农业就完了。

从改革开放开始到20世纪末，即1978—1998年，我国粮食产量从6 095.3亿斤增长到10 245.9亿斤。1978年党的十一届三中全会之后，我国以农村制度变革为先导拉开改革开放大序幕。1980年中共中央印发《关于进一步加强和完善农业生产责任制的几个问题》，明确提出，出现了专业承包联产计酬责任制，更为社员所欢迎，这是一个很好的开端。这种生产责任制，较之其他包产形式有许多优点。1982年中央1号文件专门阐述了农业生产责任制问题。1983年中共中央发布《当前农村经济政策的若干问题》指出，联产承包责任制迅速发展，绝不是偶然的。这种分散经营和统一经营相结合的经营方式具有广泛的适应性，既可适应当前手工劳动为主的状况和农业生产的特点，又能适应农业现代化进程中生产力发展的需要。到1984年底，全国已有99%的生产队、96.6%的农户实行了包干到户。1978—1984年我国粮食产量分别在1982年、1984年迈上7 000亿斤和8 000亿斤两个大台阶，6年时间大幅增产。之后，我国粮食产量稳步上升，分别在1993年、1996年突破9 000亿斤、1万亿斤大关，达到9 129.8亿斤和10 090.7亿斤。但与此同时，20世纪90年代中期，我国粮食连年丰收，粮食供大于求，出现结构性过剩，粮价下跌。

（四）

2003年以来，政府加大投入，我国进入历史上少有的粮食连续增产阶段。尤其是党的十八大以来，以习近平同志为核心的党中央高度重视农业和粮食发展，全国做到了"谷物基本自给，口粮绝对安全"，保障了粮食和主要农产品的稳定供给。

习近平总书记在调研、开会等多个场合发表了一系列重要论述。

2013年12月，总书记在中央农村工作会议上强调，"要让农民种粮有利可图、让主产区抓粮有积极性，要探索形成农业补贴同粮食生产挂钩机制，让多生产粮食者多得补贴，把有限资金真正用在刀刃上。""农业基础稳固，农村和谐稳定，农民安居乐业，整个大局就有保障，各项工作都会比较主动。"

2015年5月，总书记对耕地保护工作作出重要指示，"耕地是我国最为宝贵的资源。我国人多地少的基本国情，决定了我们必须把关系十几亿人吃饭大事的耕地保护好，绝不能有闪失。"

2016年3月，总书记强调，"要以科技为支撑走内涵式现代农业发展道路，实现藏粮于地、藏粮于技。"

2018年9月25日，总书记在黑龙江考察时强调，"中国人要把饭碗端在自己手里，而且要装自己的粮食。"

2019年3月8日，总书记在参加十三届全国人大二次会议河南代表团审议时再次强调，"耕地是粮食生产的命根子。要强化地方政府主体责任，完善土地执法监管体制机制，坚决遏制土地违法行为，牢牢守住耕地保护红线。"

2020年12月，总书记在中央经济工作会议上强调，"要牢牢守住18亿亩耕地红线，坚决遏制耕地'非农化'、防止'非粮化'，规范耕地占补平衡。"

2020年5月23日，总书记在看望参加全国政协十三届三次会议的经济界政协委员时指出，"手中有粮、心中不慌在任何时候都是真理。"

古往今来，粮食安全都是治国安邦的头等大事，是国家发展的"定海神针"。而今，要解决好十几亿人口吃饭的头等大事，习近平总书记的重

粮食的分量——沉甸甸的压舱石

要讲话和指示精神为我们指明了方向。党的十八大以来，我国的农业和粮食生产取得了历史性成就，实现了历史性突破。2020年全国粮食总产量为13 390亿斤，比上年增加113亿斤，增长0.9%。我国粮食生产喜获"十七连丰"，粮食产量连续6年站上1.3万亿斤台阶。截至2020年，我国农业科技进步贡献率超过60%，各类农机具超过2 400万台套，主要农作物耕种收机械化率超过70%。农业科技装备水平的提高，为提高粮食产量夯实了基础。数据表明，2020年，全国粮食作物亩产382千克，每亩平均产量比上年增加0.9千克，增长0.2%。

72年的粮食发展历程，从饥饿到温饱，从"吃得好"到"吃得安全""吃得健康"，我国农业的成就世人瞩目，铸就了中国粮食生产史上一个个发展奇迹。从1949年到2020年，全国粮食产量从11 318万吨增加到66 949万吨，增长5.91倍；人均粮食产量达到472千克，比1949年增长1.3倍。当然，这一过程是起起伏伏的，其中1958—1961年和1998—2003年是减产量和减产幅度最大的两个时期。尽管经历了艰难曲折，但我国粮食总产在1978年、1984年、1996年、2013年分别登上3亿吨、4亿吨、5亿吨、6亿吨的历史台阶，标志着我国这样一个14亿人口的大国已经足够具备养活自己的能力。

中国不仅没有出现严重粮荒，而且主要农产品产量持续稳定增长，其中谷物、肉类、花生、茶叶、水果等产量长期稳居世界第一，中国人不但自己解决了吃饭问题，而且为在全球范围内消除饥饿与贫困作出了重大贡献。中国饭碗的数量和质量、广度和深度，构筑了国家发展稳定的"战略后院"。不管国际上风云变幻、波谲云诡，只要粮食不出大问题，中国的事就稳得住。只有牢牢稳住粮食，我们才能从容不迫地推进我国经济的深度转型、换挡升级；只有牢牢稳住粮食，我们才能为中国的进一步发展争取时间空间，提供强力支撑。

我们形成了具有中国特色的"粮食安全观"，提出了"以我为主、立足国内、确保产能、适度进口、科技支撑"的国家粮食安全战略，科学回答了多了和少了的关系、数量和质量的关系、国内和进口的关系、政府和市场的关系。透过现象看本质，我们认识到粮食多了和少了是两种不同性质的问题，多了是库存和财政的压力，是战术问题，少了则是社会和整个大局的压力，是战略问题；我们认识到要坚持数量质量并重，稳定数量是提升质量的重要基础，要在保障数量供给的同时，更加注重农产品质量安全和食品安全，注重生产源头治理和产销全程监管，让老百姓吃得饱、吃得好、吃得放心；我们认识到中国饭碗应该主要装中国粮，进口可以缓解国内资源环境压力，但靠别人解决吃饭问题是靠不住的，如果口粮依赖进口，我们就会被别人牵着鼻子走，粮食安全的主动权必须牢牢掌控在自己手中；我们认识到农业主要矛盾已经由总量不足转变为结构性矛盾，调结构要以市场为导向，多的减下去，缺的调上来，要发挥市场的决定性作用，市场定价，价补分离。

我国粮食综合生产能力不断提升，对比新中国成立之初，粮食产量增加了1万亿斤，单产增加了4倍多，在人口不断增加的情况下，人均粮食占有量还翻了一倍多。我国从人们普遍吃不饱到解决基本温饱问题，再到粮食生产供需总量平衡。事实一再雄辩地证明：中国人完全可以养活自己，可以把饭碗牢牢端在自己手里。中国人不仅不会成为地球的负担，相反正在为人类的发展做出贡献。

"手中有粮，心里不慌，脚踏实地，喜气洋洋。"

毛泽东在1959年7月写下的这16字目标，今天的中国正在可持续地实践着。

三、手中有粮，心里不慌，脚踏实地，喜气洋洋

"手中有粮，心里不慌，脚踏实地，喜气洋洋"。在粮食连年丰收，吃穿无忧的时代，有些人对是否必须"手中有粮"提出了异议。

近些年来，围绕粮食问题，对保障粮食安全的路径和方法上有不少争论和分歧。实践证明，一些看起来有道理的主张并不可行。为了明辨是非，我们有必要针对这些观点一一进行辨析。

有人说，现在是经济全球化、市场化，有钱基本上能买到一切。粮食问题也完全可以依靠国际市场来解决。

有人说，中国没必要坚守18亿亩耕地红线，因为需要粮食的时候，完全可以进口。

粮食的分量——沉甸甸的压舱石

有人说，中国国内粮价要远高于国际市场价格，粮食生产比较效益低，不如按照比较优势理论，发展更赚钱的产业。

在袁隆平院士去世后，竟然有人说，让一个国家能吃饱饭，本质上不是靠自给自足，而是靠合理的制度，具体说就是市场经济。有合理的制度安排，没耕地也没关系；制度不行，多少耕地也得饿肚子。中国真正解决粮食问题，是市场经济之后。让大家有饭吃的，不是科学家，而是市场经济体制中的无数企业家，是市场经济让全球交易成为可能。市场经济才是所有人的上帝，只要市场是开放的，企业家行动是自由的，大家就会有饭吃。

这几种观点，看似出发点不同，但实质上都是说，中国没必要坚守耕地红线，没必要强调主粮自给率，没必要去种不挣钱的粮食，完全可以通过国际贸易进口粮食。

这类观点前些年在所谓的"经济学专家"那里非常盛行，后来在中央高度重视农业和粮食稳定发展情形下，又经过专业人士和专业媒体的透彻剖析，再加上经历新冠肺炎疫情袭来时世界粮荒而中国不慌的现实对比，完全站不住脚的这类观点，基本上销声匿迹了。

在这里，对这些观点，我们分别简单剖析一下。

（一）

我们中国能够完全依靠进口解决粮食问题吗？

平日里，也许可以适度进口，调剂余缺，但是关键时候，在"洪涝"等灾难来临之时，如果我们没有把粮食这个"窝窝头"牢牢抓在手里，要付出多少"金元宝"才能买到呢？到那时，又有谁会卖给我们呢？在粮食安全这个问题上，靠山山倒，靠水水流，谁也不能靠、靠不住的，只能靠自己。一个守不住自己粮食安全的国家，是把自己喉咙捏在别人的手心里。在粮食这个关乎国计民生的头等大事上，那些鼓吹粮食市场化、国际化腔调的"自由贸易者"，宣扬通过国际市场寻找粮食来源，主动放弃自己的经济安全，是把自家老百姓的饭碗拱手他让，是将国家和老百姓置于最危险的境地。

另外，可以忽视粮食生产，只抓"钱袋子"，不管"粮袋子"吗？黄

第四章 可贵的压舱石

金有价粮无价,金元宝在关键时候变不成窝窝头。粮食作为一种特殊商品,不能简单用比较效益来衡量。从商品的角度来讲,粮食并不贵重,还应当说是很便宜。可是仔细想想,如果没有了粮食,没有了维持生命的食物,人的生命受到饥饿和死亡的威胁时,那些较为贵重的金银珠宝、楼台别墅,那些古玩字画还会有什么价值呢?金银珠宝虽贵却难以为食,真正到了缺粮无食的时候,哪怕看着金山、银山恐怕也只有望而生叹,坐而等死了。因此,必须要处理好"钱袋子"与"粮袋子"的关系,既要让"钱袋子"鼓起来,又不能让"粮袋子"瘪下去;即使"钱袋子"没有鼓起来,也不能让"粮袋子"瘪下去。

再来看 18 亿亩耕地红线。我国国情特殊,人口多,可用耕地少,历史包袱沉重。全国疆域面积高达 960 多万平方公里,看上去地大物博,其实有效土地资源非常紧张。著名的 400 毫米降水线,即胡焕庸线,将我们国土一分为二,理论上只有每年降水量超过 400 毫米的地区才能进行农业种植,才适宜人们居住。所以,我们 90% 以上的人口、90% 以上的耕地、90% 以上的工厂目前都集中在 400 毫米降水线以南的地区。

18 亿亩红线正是在这个大背景下考量设定的。2006 年,在房地产行业狂飙猛进的时候,第十届全国人大四次会议上通过的《国民经济和社会发展第十一个五年规划纲要》提出,18 亿亩耕地是一个具有法律效力的约束性指标,是不可逾越的一道红线。这就是 18 亿亩耕地红线的由来。这是一个经过精心测算的耕地指标,在预估了农业科技水平发展以及未来人口增长水平之后,为了维护我国的粮食安全战略提出的一个耕地红线指标。

最近 10 余年的大部分时间,世界粮食的供给都赶不上需求的增长。2008 年在世界粮食危机高峰期,几大产粮国已经宣布禁止粮食出口,有些国家因为缺粮而发生了骚乱。2020 年新冠疫情爆发后又发生了类似的一幕。而这都是在中国基本不需要在国际市场上购入粮食的情况下发生的。试想一下,如果世界第一人口大国的我们,在这一节骨眼上耕地大幅度萎缩、要依赖国际市场来解决问题,别说根本买不到粮食,就算是能够买到粮食,那么世界粮食市场每年 2.3 亿~2.5 亿吨的贸易量,也根本满足不了 14 亿人的粮食需求啊。况且,粮食价格将会飙升到什么程度,那

粮食的分量——沉甸甸的压舱石

一定细思极恐。

回看历史，鸦片战争后，列强取得关税特权，洋货大量入侵，挤压了中国自给自足的小农经济，而19世纪70年代中国发生了被称为"丁戊奇荒"的特大旱灾，中国北部几省几乎全部遭灾，受灾人数达1.6亿，死亡人数达1 000万，中国急缺粮食。洋商趁中国旱灾加紧倾销，1867年，洋商出口给中国的洋米为19 000吨，到丁戊奇荒发生的1877年，出口到中国的洋米已超过5.25万吨。洋商借丁戊奇荒打开了中国粮食市场，到1920年为止，每年进入中国的洋米都在30万吨以上，而洋米入侵反过来又挤压了中国本土大米的生存空间，致使中国的大米销售困难。民国时期，军阀混战，各地战火纷飞，想要安稳地种田几乎不可能，这又给了洋米入侵提供了方便，自1921年到1936年，中国洋米进口每年达到了触目惊心的80万吨。其结果是什么呢？大量的进口解决了吃饭问题吗？不仅没有解决，反而加剧了粮食危机。当时的中国，经济凋敝，民不聊生，食不果腹。

"世界上没有一粒粮食是在自由市场上出售的，一粒也没有。"不管是从战略安全角度还是经济角度，抑或其他任何角度，主要粮食供给靠自己种地解决，都是必须的。中国这些年的丰收乃至粮食安全的固守，正是得益于国家坚持底线思维，坚持"谷物基本自给、口粮绝对安全"的新粮食安全观，死守18亿亩耕地红线，从而端牢了14亿人的饭碗。

（二）

在"粮食进口论"没有了市场之后，即解决了"粮食必须自己种""饭碗必须端在自己手中"之后，关于该如何种好粮食、发展农业生产上，也存在不少争议。当然，如果说前一个探讨是战略问题的话，后一个讨论就是技术层面的问题了。

有人说，粮食生产上存在的制约，是有些政策、制度造成的。

针对这种认识，我们需要系统整体地辨析。为什么中国农民种植成本要高于国际市场？因为中国人多地少，目前人均耕地不足2亩，人均耕地少加土地制度制约，导致农业无法大规模产业化发展，无法从根本上提高科技含量。那么，为什么不改革土地制度，让农民土地可以自由流转，实现规模化产业化发展？因为我们城市产业发展还不够，还不足以完全吸纳农村劳动力——过去四十余年间，中国城镇化率是渐进式发展，每年城镇化率大致提高1.2%，每年吸纳1 000多万农村劳动力，这种渐进式发展是非常正确的。如果贸然改变农村土地制度，在城市还不能提供足够的就业岗位的情况下将大量农民推向城市，很容易陷入巴西、印度的城市贫民窟状况。

目前，我们必须坚持家庭联产承包责任制。这既符合我们的国情，又符合农业发展规律。农业的本质特征，就是自然再生产与经济再生产相互交织的过程。既然是自然再生产过程，就意味着生产者必须与自然环境和生产对象高度和谐。而由于自然环境多变，生产对象特殊，生产过程复杂，只有在生产成果与生产者自身利益紧密挂钩的情况下，生产者才可能真正贴心经营。纵观世界农业发展过程，不论经济发展水平高低，不论经营规模大小，农业的基本经营形式都为家庭经营。从历史上来看，我国农业也长期实行家庭经营制度，这也是成就我国绚烂农耕文明的基本原因之一。新中国成立以来的农业发展历程，实际上是由超越阶段集中经营，人为急速推动农业朝该方向发展，转为依托内在发展动力，稳步及时适度朝该方向发展的过程。

经过40多年的制度洗礼，家庭承包经营已经成为我国农村经营制度的核心基础。长期的实践表明，只要依据国情农情，因地制宜，创新家庭经营形式，家庭承包经营并不会限制农业的组织化、规模化、机械化、科技化、产业化发展。农村经济发展、村庄社会管理、村民自治机制都与家庭经营有着千丝万缕的联系，家庭承包经营实际上是整个农村经济社会发展的基础，也是我国经济社会发展全局的重要基础。动摇了这个基础，剥夺农户作为经营主体的地位，不仅会直接影响农业的发展，而且会动摇整个农村的根基，对整个社会稳定和谐也会产生不利影响。

当然，从发达国家农业发展历程来看，伴随整体发展水平的提高，国内国际市场联系的变化、农业区域内部经济社会结构的转型，农业组织体系会出现显著变化。尽管由于资源禀赋条件、产业结构、社会制度等方面千差万别，但都出现了经营规模适度扩大、生产性服务快速发展、国家支持力度加大等共同趋势。对于大国小农的我们来说，未来也会朝这个方向

粮食的分量——沉甸甸的压舱石

发展。

此外，在粮食增产中，耕地利用、科技进步和制度创新诸要素的贡献率三分天下，未来要把科技进步要素的贡献率提高到50%左右，制度创新要素的贡献率仍保持在1/3左右，使耕地要素贡献率相对下降。

还有些专家认为，不是农民养活了我们，他们的理由是粮食是自己花钱买的，又不欠农民的钱，并不买账。如果没有农民种粮食，又到哪里去买粮食呢？未来，我们更加要强调的是想方设法保护和调动农民种粮的积极性。我国粮食价格一直偏低，而过低的粮食价格已经大大削弱了农民的种粮积极性。

发达国家尽管农业在国内生产总值中的比重和农业劳动力在全国就业结构中的比重很小。例如，美国二者只占2%~3%，但农业应受重视的观念未动摇，对农业的保护政策未改变。美国人把农场视为"民族的脊梁"，称它养活了国家。瑞士还有一条法律，规定农村地区任何经营者的收入不得超过农民。对农民的关心，对农民利益的保护，对农业问题的重视，这一切得到的回报是居民食品和农产品供应的充足和多样化。这些做法都值得我们借鉴。

（三）

还有一种观点认为，世界粮食体系面临的危险大多与中国无关。也有观点认为，既然中国强调粮食自给率，那就不应该再从国外进口粮食，与国际市场完全切割开来。

如果说，在近代以前，地球上大洲与大洲之间是相对孤立的，尤其是粮食市场是相对封闭独立的，二战之后地球上大多数国家的农业及粮食发展状况前所未有联结在了一起，并有专门的国际组织来协调全球农业及粮食问题，那么时至今日，随着信息时代的到来、网络的迅猛发展、通信方式越来越发达便捷，国际粮食市场把世界上大多数国家都更为紧密关联了起来。

全球人口在最近50年间翻了一番。更多的人要吃饭，来自这些消费者的要求也就更多。1990—2010年间，中产阶层的暴增强化了洲际间的相互依赖。由此就需要使供给接近需求，可现实情况是，虽然所有国家都有农业，但农产品的产量、种类等极其不同，因此极少有地区可以做到生产大量的所有的食物。于是，为了满足消费者而出现了食品体系的全球化。在90%的食品生产依然留在本地和本国的情况下，其余部分都国际化了。一些产品，比如异国风味的水果、谷物、糖、大豆、咖啡、奶等食物，全球化市场之路甚至极为显著，因为种植这些产品的地区少，而全球都要消费它们。因此，食物体系"远距化"，即从农场到餐桌的距离加大是很明显的趋势。

与此同时，因为世界各国的复杂多样，国际市场总体上又是充满矛盾的。就拿当前来说，一方面，得益于2019年和2020年上半年有利的全球农业收获，农业供给方面是强劲的，基础农产品的国际贸易和国际价格相对稳定。另一方面，自2020年夏季以来，市场开始紧张而基础产品的通胀变得显著，这尤其体现在糖、油和谷物产品上。从2019年起国际粮价开始上涨，全球食品价格指数在2020年4月到2021年3月之间增长27%，粮价更是呈现加速上涨的趋势，创下2014年以来的最高水平。按照联合国粮农组织的数据，2021年2月的谷物价格指数同比大涨26.5%，其中高粱价格同比上涨82%，玉米价格上涨46%，小麦价格上涨20%，其他主要品种价格也都有不同程度上涨。

涨价尤其和一些不得不依靠进口从而保证本国粮食安全的国家进行的大规模采购有关。随着价格上扬、物流和海运成本增长，一些农业国为保护本地市场而采取出口禁运措施，而很多购买者则是加速竞赛从而保证食物不短缺。在这种情况下，没有任何一个国家在农业领域"放下武器"，不少国家甚至都将农业置于内部韧性和外部影响的核心位置，新冠肺炎疫情也唤醒了一些此前低估农业价值的国家。

从错综复杂而严峻的国际粮食形势中，能够延伸出几个层面的思考。一方面，世界离不开中国，中国离不开世界。世界粮食形势中包含着中国粮食形势的好坏，世界粮食对策中包含着中国粮食对策的经验。而中国需要了解世界粮食问题的昨天、今天和明天，需要熟悉国际社会和主要国家过去和现今所制订的解决全球和各自粮食问题的战略策略，吸取教训，借鉴经验，正确地估量中国粮食未来的形势，看到压力，通过运筹，把压力变成动力，探寻潜力，通过切实的组织行动，使潜力变成生产力和发展

粮食的分量——沉甸甸的压舱石

力,基本靠自己的力量来解决自己的粮食问题,不仅当代人从吃饱到吃好,而且使后代人能吃得富有营养和安全。我国粮食生产状况不仅关系我国人民的生活,而且关系着世界粮食的供求形势。中国这块土地生产的粮食和农产品供养中国人生活得更好,不仅关系中国人的直接利益,而且关系到世界的粮食大局。

另一方面,我们也不能因为有人质疑"谁将养活中国"的挑战语言,而拒绝利用国际资源和国际市场,捆着自己的手脚,一定要实行和保持100%的粮食自给率。我们必须统筹利用好两个市场、两种资源。当今中国粮食安全不仅是中国的问题,也是全球粮食安全的重要组成部分。

最为重要的一点就是,在全球化的今天,粮食不仅仅是食物,不仅仅是市场中的单纯贸易品,更是战略武器。它和生物能源、食品工业等捆绑在一起,是各个实体之间博弈的筹码,成为经济大战中的利器。粮食安全与能源安全、金融安全并称为当今世界三大安全。作为世界第一人口大国、第一粮食消费大国,中国更应该把粮食安全放在核心位置,这样才能应对突如其来的挑战和威胁,从这个意义上来说,"粮食安全"必须警钟长鸣,必须未雨绸缪。

中国作为"地球村"的大户,其经济与生活的好坏将会对"地球村"发生举足轻重的影响,因此,自然受到左邻右舍"村民"的特别关注。我国人口众多,在世界上粮食生产最多,粮食消费也最多。每个中国人多生产一斤粮食或多消费一斤粮食,对世界都会产生不小的影响。在国际粮食贸易中占有很大比重,会影响世界粮食市场形势,因此,中国粮食生产、消费、贸易的变化动向,自然受到世界关注。一切都证明,"地球村"村民关系是相互依存,相互促进,谁都离不开谁的共存共荣。中国粮食安全离不开世界,世界粮食安全也离不开中国。

(四)

2020年1月14日,海关总署公布了2020年全年进口数据,2020年1—12月大豆进口量达到创纪录的10 032.7万吨,比2019年的8 851.3万吨增长13.3%。大豆全年进口总量在预期之下突破一亿关口。

实际上,1995年之前我国还是大豆净出口国,占全球份额的90%以上，年产量 1 000 万吨左右，除满足国内需求外，还可以出口创汇。1996 年后，情况逐步开始发生变化。中国大豆市场庞大的需求和强劲的增长潜力，吸引了国际四大粮商（美国 ADM、美国邦吉、美国嘉吉、法国路易达孚，俗称"ABCD"）的巨大兴趣。凭借对全球大豆主产区美国、巴西、阿根廷的牢牢把控，以及对大豆全产业链的成熟操控，四大粮商开始在中国布局，中国大豆进出口情况开始逐渐逆转。2000 年，中国大豆进口量由前一年的 432 万吨增至 1 045 万吨，猛增 1.4 倍。2005 年，中国大豆进口量达到 2 659 万吨，已占世界进口量的 1/3。

中国的大豆市场不到 30 年的时间里，到底发生了什么？

2001 年，美国资本在国际市场炒作中国大豆市场需求旺盛，开始推高大豆价格。我国豆农看到大豆价格逐步走高，开始扩大种植面积，榨油企业也纷纷扩大生产规模。2003 年，美国农业部以天气影响为由，对大豆月度供需报告做出重大调整，将大豆库存调至 20 年来最低点。于是，CBOT（芝加哥商品交易所 Chicago Board of Trade 的简写）的大豆价格，从 2003 年 8 月的最低点约 540 美分/蒲式耳*，一路涨至 1 060 美分/蒲式耳，创 30 年来历史新高。换算为国内价格，就是相当于大豆价格由 2 300 元/吨，暴涨至 4 400 元/吨。

2004 年，美国又传出大豆普遍减产的消息，在恐慌心理和大豆价格不断创出新高的情况下，中国粮油企业开始在高位买入，2004 年初，共抢购美国大豆 800 万吨，均价达到 4 300 元/吨。然而，就在中国买家"哄抢"过后，国际大豆市场价格随即开始暴跌，最高下跌了 125 美元/吨，国内大豆价格暴跌至 2 000 元/吨。南美和北美大豆并未出现大面积减产，产量相较上一年并未大幅下降，并且北美大豆种植面积预计比上一年增加了 81 万公顷。

原材料的暴跌，带动下游产业链粮油价格的暴跌，这意味着国内大豆加工企业只要开工生产，就会出现销售价大大低于成本价的情况，高位抢购的中国企业损失惨重，企业由原来的盈利转变为全行业亏损，众多民营

---

* 蒲式耳，英文 bushel，体积单位，是美英等国家的习惯统计用法，美分/蒲式耳是国际粮食计量单位，1 蒲式耳相当于 35.238 升。

企业无法对合同价格履约，放弃原合同和定金，出现大规模"洗船"事件（洗船：以一定的费用把整船货回售给供应商），有的企业，甚至 100 万美元的洗船费用都付不起，被逼破产。据保守估计，此轮抢购，给中国大豆加工企业造成至少 150 亿元的损失。针对国内违约企业，美方起诉中国企业违约，索赔金额高达 60 亿元。至此，国际四大粮商趁机低价收购或参股中国多家大豆加工企业。

2005 年，美国 ADM 董事长在华尔街发布报告称"中国有投资机会"。美国大豆协会中国代表处在给其总部的信中说道："今年是进军中国，整合大豆行业的时候了"。

2006 年年底，中国 97 家大豆压榨企业中，外商独资或参股的有 64 家，中国完全国内独资，并有能力参与竞争的企业，只有九三油脂一家。十大榨油企业，9 家是外资控制，至此，国际四大粮商控制了我国大豆 85% 的实际加工能力，中国的粮油加工产业基本被美国控制。

2008 年，事情有了新的变化。美国因次级债及金融衍生品的疯狂操作，金融危机终于爆发，金融行业哀鸿遍野。而中国，看到了机会，开始进入反攻。中国陆续在黑龙江、河南、山东等地建设大型粮仓，囤积大豆，调控供需关系，与外资抗衡。通过低价供应等方式，逼迫没有盈利空间的外资让出粮油主导权，开始了长达 8 年左右的拉锯战。2016 年，外资企业在中国榨油行业的控制权，从 85% 下降到 30%，中国重新夺回了粮油加工行业的控制权。

不仅如此，四大粮商还在中国悄悄布局稻谷、小麦、玉米三大主粮。这是需要我们高度警惕的。

中央农办主任、农业农村部部长唐仁健在 2021 年全国两会期间接受专访时指出，2021 年的三个关键词是粮食、种子、耕地，确保粮食安全，保障粮食和重要农产品的供给是要害中的要害，做好粮食工作，确保粮食安全，意义十分重大。

国家统计局表示，2021 年国家第一次把粮食产量作为宏观的目标指标，要确保粮食安全和粮食供应。要加强粮食统计调查，进一步夯实粮食播种面积和单产调查工作的基础，研究编制粮食供需平衡表。

新中国成立以来，我国粮食生产取得了巨大的成就，但粮食供求平衡的压力一直非常巨大，三年自然灾害时期的大饥饿状况，将留下长期的历史记忆；世纪之交的粮食大减产，让粮食安全之弦再度绷紧；2004年以来地方抓粮食生产工作和农民从事粮食生产的积极性明显提高。但"国内粮食供需关系偏紧的态势将长期存在"。粮食问题无疑是基本国情之一。

当下，我国粮食安全基础仍不牢固，粮食产需将长期处于紧平衡，粮食稳产保供面临多重约束和挑战，比如饲料粮需求大幅增长、耕地和水资源的硬约束突出、粮食种植收益较低等，无论怎样重视粮食安全都不为过。粮食安全涉及方方面面，从粮食生产、粮食流通、粮食监管、粮食储备、餐饮浪费、应急储备等，各个环节都要意识到粮食安全的重要性。

（五）

"农为四民之本，食居八政之先，丰歉无常，当有储蓄。"粮食安全，首要的是要生产出来，同时还要高度重视储备问题。与人口相匹配的粮食储备至关重要。

2008年全球遭遇世界性粮食危机，但是我们国家的表现却至今令人津津乐道。2005年，国际粮食出现缺口。按照相关数据，全世界将会有大量人口吃不上饭，随后全球粮价大幅上涨。早在2001年，在大豆上占过我们便宜的国际四大粮商，又一次盯上中国，国内粮价跃跃欲涨。一旦粮价暴涨，我国人民生活水平必然受到巨大影响。于是，国家队出场了。

粮价大涨前夜，国家抛出储备粮食，市场上有了粮食，供需平衡，粮价自然不会暴涨，而国际粮商为了继续抬价，将抛储全部吃进，造成紧缺形势。于是，抛储，吃进；抛储，吃进。国家粮仓从一开始半月抛一次，到后来两天一次，几个回合下来，没人敢接盘了，谁也不知道中国粮食储备量到底多大。

一个信息传开，据说中国贮备粮有1亿吨，够全国人民吃上一年。那时那刻，在国家队镇定的表现之下，所有人都相信中国粮储足以撑死投机资本，多方随即崩溃。连锁反应之下，大宗商品价格暴跌。随后，2008年7月初，金融危机爆发。

回头看一下：2005—2008年，国际小麦价涨了3.4倍；国际玉米价涨了 3.2 倍（还有数据说 5 倍），而同期中国小麦价格，仅仅涨了 0.7 倍。

可以说，粮食储备是保障粮食供给的重要后盾，是平抑粮价、备战荒年的重要举措，对于确保粮食安全至关重要。平时我们感觉不到储备粮的存在，但粮食储备有三大重要作用。一是市场供求的"调节器"。粮食产量受粮食价格、天气状况、粮食政策等众多因素影响，年度之间波动幅度较大，而粮食作为生活必需品，其消费刚性较强，因而必须通过"储备"调剂年度之间的余缺。二是救灾应急的"蓄水池"。我国幅员辽阔，自然灾害频繁发生，救灾应急历来是政府储备粮食的重要功能。三是战略安全的"保护伞"。粮食安全在我国始终是个战略问题，而储备粮则是维护我国战略安全的"保护伞"。

从 1961 年到 1974 年，我国的粮食生产稳定性发生了质的变化，人均粮食产量的平均波幅从 18% 降到 4.7%，此后最高也没超过 8%。这意味着社会已经适应了稳定的粮食供应。现如今，当年家家必备的粮囤、米缸已被商业储备取代。

每一粒粮食都是有生命的，存放一定时间，品质自然会下降。因此，中央储备粮实行均衡轮换制度，每年轮换的数量一般为中央储备粮储存总量的 20%~30%。通过这种常年购销轮换的模式，保证储备粮食常储常新。

对于我国这样一个拥有 14 亿人口的大国来说，粮食储存多一些，粮食安全系数就会高一些。目前，我国粮食库存消费比远高于联合国粮农组织提出的 17%~18% 的世界粮食安全警戒线。

充足的粮食储备是保供稳市的"定海神针"，用以应对各种局部的、时段性的粮食供求波动，各种偶发的市场供应紧张问题，不至于形成连锁反应。例如，在 2020 年初湖北省应对新冠肺炎疫情时，各级储备粮就发挥了重要作用。

我国人多地少，粮食供求长期处于紧平衡状态，洪涝灾害、疫情爆发、国际粮食危机等因素都可能引发粮食价格波动。储备粮的最大作用是稳预期稳人心，重大突发事件下充足的储备能力是避免出现抢购囤积、市场大幅波动的"硬核"能力。而且储备粮的灵活吞吐，保障了国内粮价不大涨大跌，使中国成为世界粮食市场的"安全岛"。

四、永不忽视粮食的历史"决定力"

说来令人难以置信,农业和粮食经常决定历史的走向。

从历史上看,农业和粮食的生产形势,从来就是社会是否兴旺发达的最终决定者。不管是文明存亡,还是朝代兴替,从根本上说,还得看老天的"脸色"。

根据竺可桢的《中国近五千年来气候变迁的初步研究》,我们发现,数千年里中国的气候并没有一直变暖,也没有一直变冷,而呈现出一定的周期性,每次波动的周期,历时约 400~800 年。将中国几千年的气候变迁与中国的历史结合起来,我们了解到,除了经济、政治等因素之外,气候的变化成为改变王朝命运的重要因素。由于殷商末期到西周初年、东汉末年到西晋(265—317 年)、唐末至北宋(960—1127 年)初年、明末到清初的四次小冰河期,导致灾荒连连,决定了王朝兴替的必然。

与"天"的作用相比,无论英雄史观还是人民史论,都是相对的。而"天"的神力似乎是通过粮食产量的丰歉来表达的。因此,善于汲取历史教训的中国人自古就留下了重农抑商的传统。

从当今世界的发展形势来看,在不考虑新技术和新资源的变量之外,现在国际上每年粮食贸易量只够中国人半年消费量,如果我们不立足于自给,即便能把国际现有贸易粮食都买过来,也养不活 14 亿人口。而要全部买过来是不可能的,那些依赖国际粮食市场的国家怎么办?再说,到了非常时期,恐怕你出再多的钱也买不来国外的粮食。

(一)

也许有人会说,历史上也有不少国家,粮食不能自给,不是活得很好吗?在世界史上,从古代的雅典、罗马到大英帝国,先进的经济体经常依赖粮食进口,后进地区则多为粮食供应地。那么,实际情况是什么样呢,我们一起来看看。

古雅典是个城邦国家,粮食严重依赖进口。特别是到了希波战争后的"帝国时代",其粮食供应地从西西里、黑海地区,一直延伸到埃及。这种

粮食的分量——沉甸甸的压舱石

粮食的供应结构，也被罗马帝国继承并发扬光大。在罗马帝国的统治下，地中海等于是罗马的"内湖"，地中海上的贸易也成了罗马帝国的经济命脉。这一切随着阿拉伯人在公元9世纪对地中海的主宰而终结。

现代社会运输和通信技术空前发达，粮食的供应线可以更长，网络可以更大。也就是说，从理论上讲，靠粮食进口而长期维持经济的进步是完全可能的。但是，这些简单的事实并不能为我们提供正确的历史经验。我们必须认真地考察这种长距离的粮食供应线是如何形成的、在什么条件下才靠得住。事实上，维持这样的粮食进口，必须要有绝对优势的军事强权或贸易垄断。罗马帝国就是个最极端的例证。它所谓的粮食进口，其实已经不能说是进口，而是内部贸易。因为大部分粮食供应地已经在它的正式版图之中。

到了中世纪，由于不存在这样庞大的帝国，问题变得复杂起来。但是，当时威尼斯是个不折不扣的贸易帝国，其舰队在地中海首屈一指，曾率领十字军第四次东征攻陷君士坦丁堡这一东方最大都市（拜占庭帝国的首都），和热那亚一起控制了通往黑海的航线。另外，威尼斯是当时欧洲的第一大贸易帝国，也是拜占庭帝国最大的债主。拜占庭皇帝不得不把自己的皇冠拿给威尼斯作为贷款的抵押，甚至一度因为欠债不还而成为威尼斯的阶下囚。靠着这样强大的军事和财政实力，威尼斯商人在拜占庭帝国享受免税待遇，把本地商人挤出了市场。他们不仅控制着东西国际贸易，甚至控制着拜占庭帝国内部的贸易。连君士坦丁堡的粮食供应，也在威尼斯和热那亚的操纵之下。

佛罗伦萨不具有威尼斯那样的军事强权。但是，它实际上是中世纪欧洲的华尔街，其商业网络无与伦比，可以依靠自己的财力雇佣军队来应对军事危机。更重要的是，佛罗伦萨的商人通过向那不勒斯、西西里等产粮区的君主借贷，进而控制了这些地区的粮食销售，不仅解决了佛罗伦萨的粮食供应问题，也主宰了西地中海地区的粮食贸易。

尽管有这种军事和贸易上的绝对优势，但无论是威尼斯还是佛罗伦萨都出现过粮食恐慌。后来这两个城市的军事和贸易地位逐渐下降，粮食进口越来越没有保障，政府不得不加大对农业的投入。

现代民族国家兴起后，一国的人口规模比以往要大得多，主要国家的粮食供应中依赖进口的比例很少达到中世纪意大利这些城市国家的程度。大英帝国崛起之初，还是个粮食出口国。英国的粮食进出口到 1800 年还基本持平，以后则逐渐依赖进口。为这种进口提供保证的，则是这个"日不落"之国的海洋霸权。美国则自始至终都是粮食出口国，即使在粮食生产过剩的时代仍然维持着保护农业用地的政策。

因此，所谓粮食进口安全就是浮云，吃饭问题还是牢牢攥在自己手里，才最踏实最保险。

（二）

我们必须搞清楚一个概念。所谓发达国家粮食依赖进口，究竟是"市场依赖"，还是"生存依赖"？

举个例子，在 17 世纪，世界最先进的国家是荷兰，其粮食供应严重依赖进口。但荷兰是当时世界的金融中心和制造业中心，富到连农民也拥有油画、股票和债券的地步；况且人口密集、地域狭小，选择粮食进口是市场的逻辑。但是，这种对进口的依赖实际上是"市场依赖"。也就是说，如果切断进口，荷兰人不至于没有饭吃。只是在特定的国际市场环境下，他们从事工商业比从事农业更有效益，因而把农业"外包"了。当 19 世纪世界金融中心转移到伦敦，英国成为粮食进口国时，荷兰居然从粮食进口国变成了粮食出口国，可见其农业生产的弹性。19 世纪英国的国际粮食供应如果突然被切断，照样可以启动自己的农业生产而达到自给自足，只是经济效益比融入国际贸易体系要差一些而已。

日本何尝不是如此？日本的农业是最受政府保护的部门之一，这种保护之优厚甚至到了荒谬的地步，乃至不断引起国际贸易纠纷。日本粮食靠进口，不是因为生产不出供应本国人口的粮食，而是国产的粮食太贵。日本农民经常是一家几辆车，住着独居的"豪宅"。这样的贵族农民产出来的粮食谁吃得起？但我们应该看到，比中国人口密度还高的日本，城市用地效率非常高，乃至留下了大量耕地和自然野生地。日本人落户北海道甚至可以免费得到一块政府赠送的土地。这也是"市场依赖"型的粮食进口，和一旦没有进口自己就种不出足够粮食的"生存依赖"是完全不同的概念。

粮食的分量——沉甸甸的压舱石

在全球化的时代，粮食生产不应该脱离国际市场。但是，增加在粮食供应上的市场弹性，和政府对耕地的保护并不矛盾。比如，面对粮食供过于求的局面，政府正好可以把保护耕地的政策转化为保护环境的政策，按亩数支付给农民一笔固定的"免耕钱"，让其将耕地抛荒为野生地，这也是美国环保政策的重要部分。当国际市场的粮价大跌时，可以低价进口粮食。当粮食供应紧张、粮价上涨时，在这些野生地上生产粮食的经济效益就会超过政府所支付的"免耕钱"，市场杠杆就会自动让农民将这些地重新开垦。这样，一国的粮食生产才可能随着市场供需的浮动而自由伸缩。

从世界史上看，一国越是降低在粮食进口上的"生存依赖"，即有应对不时之需的备用农地，就越是有信心增加在粮食进口上的"市场依赖"。更重要的是，靠进口来保障粮食供应的安全，必须建立某种世界性或者区域性霸权。从美国的例子可以看得很清楚，建立这样的霸权成本非常高。

（三）

历史常有惊人相似的重演。

如果不了解历史，读不懂历史，不汲取历史的教训，历史的重演就将成为一种或早或晚的必然。

冷战时期解体前的苏联，忽视粮食生产，忽视均衡发展，最终演变成粮食需要进口依赖的局面，以至于经济强国却遇到吃饭难题，加剧了其解体的进程。其中的教训不可谓不深刻。

第二次世界大战后的美国进入战后发展黄金时期，工业生产占全世界的1/2，外贸出口占全世界的1/3，黄金储备占全世界的3/4，同时还是主要粮食出口国。而另一阵营里的战斗民族苏联，其发展方针就是要大炮不要黄油，举国之力发展重工业、军工业、石油矿产业。通过卖武器、卖石油换钱买粮食。

苏联这种瘸腿的经济政策源自于在西伯利亚地区发现大量的石油自喷井。一方面，北部西伯利亚寒冷的地区也不太适合种植农作物，除非投入大量的成本；另一方面，石油作为重要的工业资源，其价值属性一点不弱于粮食。那么对苏联来说，在地上钻坑产石油卖石油远比在地上种粮卖粮轻松实惠，那何乐而不为呢？于是，苏联就开始放弃农业发展了。其实，到现在也不例外,苏联粮食长年歉收,是美国的粮食出口大户。这种单边依赖,极易被美国制裁。

再说回到1972年。那一年,苏联预计自己农业歉收情况相当严重,于是开始操纵媒体,对外一致宣称当年粮食即将迎来大丰收。美国记者及相关部门也开始调查这个情况,从卫星云图上也确实看到了风吹麦浪、一片金黄的丰收景象。

而实际上,苏联的小麦由于气候或品种的问题,虽说看上去麦穗饱满,但其实都是中空的,产量非常少。面对苏联粮食"丰收"的情况,眼见着第一大客户的需求没有了,作为粮食出口国的美国就坐不住了。

于是,美国粮食价格开始暴跌,苏联趁机到美国采购粮食。前后共签订了400万吨的小麦合同、450万吨的饲料合同。美国也有怀疑,你们不是大丰收吗,买这么多干吗?可是,粮食贸易商们哪管这些,赶紧积极促成,还为苏联争取到7.5亿的粮食信贷协议,以及专用于饲料谷物的5亿美元专项贷款。最后,美国低价卖了粮食,损失了30亿美元。此外,苏联还私下与美国各种粮食公司签订采购合同,享受美国对于粮食出口的财政补贴,低价进口粮食。历史上把苏联这次操作称为"粮食劫案"。

苏联的此次大举采购,让美国也发生了粮食危机,库存锐减导致美国本地粮食及畜牧业产品价格上涨30%左右。后来,美国不得不强制限制大豆出口,原本用于改善土壤、榨油作为饲料用途的大豆不得不大量用于美国普通民众消费。"粮食劫案"中吃了哑巴亏的美国,在1979年苏联入侵阿富汗后,搞起了粮食禁运,1980年中断与苏联签订的1 700万吨粮食贸易合同。然而资本是逐利的,粮食禁运导致美国境内的粮食走私猖獗。还有一些国家或企业从美国进口粮食,卖给苏联从中赚取差价。总之,粮食还是流向苏联。

对于美国而言,不仅政府少拿不少财政收入,并且本国粮食价格下跌,一些农场主收入降低,还提高了库存成本,利益再次受损。最终引发内部不满情绪,粮食禁运政策持续不到一年就开始分崩离析。由此还带来了主导粮食禁运的卡特总统连任失败,里根总统凭借反对粮食禁运获得大量选票,一上任就解除了粮食禁运。随着粮食禁运的解除,市场化效应成为主导,苏联照样能从美国买粮。

粮食的分量——沉甸甸的压舱石

再看苏联。在"粮食劫案"中，通过上演"空城计"占足便宜、尝足甜头的苏联，自此更是对美国粮食形成依赖，更加无心发展农业生产，更是把重心和主要精力放在农业之外的地方，因为反正不用担心买不到粮食，反正需要多少粮食就能买多少粮食。但是，福祸相依，好事坏事是相互转化的，说不定正是这次所谓的"粮食战役中的胜仗"，埋下了日后解体的祸根。此后，发起的阿富汗战争，遭遇的切尔诺贝利事故灾难，极大损耗苏联的财力物力，重创苏联的经济，国家信用被严重消耗。

最终，1989年全球粮食歉收，成为压垮苏联的最后一根稻草。在当时的莫斯科，人们开着汽车，烧着汽油在全城找粮食，排着队只为抢购一块面包。可是面包店不是关门就是售罄，要么就是限购。当年，苏联政府负债670亿美元，无法按期偿还贷款，国家信用彻底崩溃，没有国家敢卖粮食给苏联。

苏联的资深从政者叶格尔·盖达尔表示：苏联政权之所以解体，多半是因为它没办法喂饱自己的人民。当然，苏联的解体原因相当复杂，但出于情绪的积压和肚子的挨饿，内部矛盾彻底激化，致使苏联走向解体，是极其关键的一环。

无人种地会怎么样？不重视农业及粮食生产会怎么样？这就是后果。一个金钱和钢铁构成的帝国，与农田丰茂和潺潺流水带来的富足相比，哪个更加稳固，还真说不定。苏联的教训告诉我们，如若只重视眼前利益，忽视农业发展这种长期战略利益，如若重要的生产物资和原材料长期依赖进口，极易形成单边依赖，极易受到外部环境的影响，最终一定会影响国家整体的发展，造成不可挽回的后果。一个国家如果粮食不能自给，付出的代价就可能是主权丧失，最终在国际舞台上任人宰割。

（四）

2020年，一场突如其来的新冠肺炎疫情席卷全球，震惊了世界，搅乱了世界，袭击了世界。2020年1月17日，全球确诊新冠病例仅5例。到年底的时候，全球累计病例已超过8 000万人，死亡病例增至170多万人，单日新增病例曾经高达73万多例。到2021年8月初全球累计病例已经超过2亿，死亡病例增至430万。在病毒威胁生命的同时，还有另外一样东西迫在眉睫地被提上了日程。

那就是——粮食。在这场历史性的"黑天鹅"事件中，粮食安全愈发重要，粮食储备成为各国最为迫切的战略需求。联合国粮农组织罕见地向世界发出警告，未来的粮食危机是50年不遇的，全球会增加6亿的饥饿人口，约1亿人生活在极度饥饿的环境中。

自2020年三四月份开始，多个国家宣布停止粮食出口。小麦主要出口国哈萨克斯坦禁止小麦、胡萝卜、糖、土豆等产品出口；塞尔维亚停止葵花籽油等产品出口，并将每周对禁令中的产品清单进行审查；越南海关总署暂停各种形式的大米出口。许多政府采取了宵禁和限购等极端措施，及类似战时定量配给、价格控制和国内库存等政策。

全球各国轮番上演囤粮狂潮。世界上最大的谷物买家埃及在当地收割期间，开拓国际市场，自2020年4月以来，购买量已经增加了50％以上；约旦增加了17个月的小麦储备并创下历史纪录；哈萨克斯坦2020年9月1日为601万吨，到10月1日谷物（含豆类）库存就达到了1 545万吨，其中农业组织持有的谷物库存从221万吨激增至612万吨；摩洛哥也采取免税进口小麦措施，巴基斯坦增加小麦和糖的采购……各种迹象都表明，各国都在努力囤粮，以避免疫情破坏贸易，切断农产品供应链。

当前，中国的粮食储备占全球一半左右，我国可谓是"口粮绝对安全"，由高自给率和高储备量双重保障的，不仅确保了中国的粮食安全，同时也是全球粮食安全的"锚"。十多年来，我国粮食自给率一直保持在95％以上。虽然也有一些进口，主要是大豆，但粮食进口主要是为了调整品种的顺差和短缺。

数据最有说服力。从产能上说，我国粮食生产实现历史性的"十七连丰"，连续6年站稳6.5亿吨台阶；从存量上看，目前我国小麦、稻谷等口粮品种，库存都处于历史最高水平；从进口量上看，谷物净进口量仅占全国生产量和消费量的2％左右，也主要是用于品种调剂和地区调剂。可以说，国际上的粮食出口限制绝不会（实际上也没有）影响我国粮食安全。

可以说，多年来，我国粮食市场保持充裕供应，没有断货，即使是在疫情期间，全国各地也都没有发生食物短缺、物价上涨的情况，不仅满足

粮食的分量——沉甸甸的压舱石

了广大人民群众的日常消费需求，而且有效保障了应对自然灾害和突发事件的军需物资和民用粮食供应。以我国现有的管控能力、科技水平，我们对于食物供应的确没必要焦虑甚至恐慌。

但是没必要焦虑和恐慌，并不是说没必要重视粮食安全，没必要珍惜粮食爱惜食物。恰恰相反，这场国际上关于粮食的动向，从全球角度来认识粮食安全，更加深刻地提醒我们：必须时时刻刻绷紧粮食安全这根弦，必须要常怀崇粮惜粮之心。

诚如农民日报 2020 年 4 月 3 日刊发的一篇评论中所写：疫情之下的多国囤粮现象，一方面用事实证明了我国立足国内的粮食安全战略的正确性，一方面也给我们上了一堂活生生的粮食安全"警示课"。

2010 年以来，中国人均粮食占有量就已持续高于世界平均水平，2019 年以来超过 470 千克。

根据 2019 年国务院新闻办发布的《中国的粮食安全》白皮书数据，我国粮食总产量连上新台阶：2010 年突破 5.5 亿吨，2012 年超过 6 亿吨，2015 年达到 6.6 亿吨，连续 4 年稳定在 6.5 亿吨以上水平。2018 年粮食产量近 6.6 亿吨，比 1996 年的 5 亿吨增产 30% 以上，比 1978 年的 3 亿吨增产 116%，是 1949 年 1.1 亿吨的近 6 倍。粮食产量波动幅度基本稳定在合理区间，除少数年份外，一般保持在 ±6% 的范围之内。

2020 年，我国粮食产量连续第 6 年稳定在 6.5 亿吨以上。

同时，中国对全球减贫的贡献率超过 70%，率先完成联合国千年发展目标中的减贫目标。用世界 9% 的耕地，养活了世界 20% 的人口，解决本国人口吃饭问题是中国对全球粮食安全的最大贡献。

此外，中国也逐渐成为世界粮食计划署的重要捐赠国。在 2005 年停止接受联合国的粮食援助当年，中国就成为世界第三大粮食捐助方，仅次于美国和欧盟。

2005 年 4 月 7 日，深圳港口，来自北美洲加拿大的"蓝色梦想号"轮船远航而来，船上装载的是联合国捐赠给中国的 4.3 万吨扶贫小麦。这是最后一批援助中国的粮食。装卸的工人都很高兴，毕竟此前，对中国粮食的援助，联合国已经进行了整整 26 年。

第四章　可贵的压舱石

世界粮食计划署从1979年开始向中国提供粮食援助，并帮助中国贫困地区进行基础设施建设。26年来，该机构共向中国提供了价值约9亿美元的无偿粮食援助，为中国3 000万人口的脱贫提供了很大帮助。

2005年12月31日，世界粮食计划署在北京正式宣布了停止对华粮食援助的期限，其理由是：中国政府在解决贫困人口温饱方面已经取得巨大成果，不再需要联合国的援助了。

联合国世界粮食计划署中国办公室主任说：停止对中国的粮食援助是一个谨慎的决定。现在我们很骄傲也很清楚地知道，为什么你们能取得如此的成就。

的确，这是让世界为之骄傲的伟大成就，也是一个让历史为之惊叹的伟大奇迹。

这是一个新的起点。要长期保障粮食安全，既需要保证有足够的耕地面积，又需要确保耕地的质量，以及建立和维护生态安全。农业现代化需要在此基础上不断向前发展。

第五章

腹饱莫忘有饥饿

——节约粮食就是珍惜幸福

人类是强大的,又是渺小的;是坚强的,又是脆弱的。在浩渺无垠的宇宙时空中,人类社会赖以生存的这颗星球——目前已知唯一有生命存在的、蔚蓝色的地球,仿佛一粒尘埃。更莫说栖居之上的人类个体,又是何其微渺,何其脆弱!

拿我们习以为常、日用而不觉其珍贵的食物来说吧,一顿不吃饭虽然饿得慌,正好减肥了,没关系,可一天、两天、三天、十天、一个月……一直不吃饭,后果会怎样呢?

意识到这一点,每一个人须时刻提醒自己:要常存敬畏之心,永怀珍惜之情,不要过度自大,不必盲目自信。因为我们人类在宇宙面前,在自然面前,实在是不堪一击,一旦脱离了生存的条件,空气、水、食物,等等,会发生什么事情呢?

不管是谁、什么时候、在什么地方都得解决吃饭问题。而要大家无论何时何地都能有饭吃,除了保障粮食生产外,还需要节俭消费。节约粮食即珍惜幸福。

一、粮食危机与稀缺

在生产力发达、供应充足、选择多样化的时代,要做到节俭消费、节约粮食,并不是一件容易的事。做得好,需要有自然与社会风险意识,以及对物力维艰的体会,从而产生很强的自律意识。

(一)

历史上,除了自然因素之外,从人类社会组织运行的角度看,粮食安全也从来不是一旦获得就长此以往高枕无忧安全下去的。

先来说两起全球性的世界粮食危机。

如果说古代发生的粮食危机过于久远模糊的话,那么二战以来的世界性粮食危机,多少会让人从时间上感觉到"离自己并不遥远";如果说古代历史上的粮食危机多是在某一区域或者局部地区爆发的话,那么这两起粮食危机则是波及全球、世界上绝大多数国家都能感觉到"其强烈的震感"。

一次是 20 世纪 70 年代。这是二战后最为严重的世界性粮食危机。

1972 年,由于世界气候不正常,谷物普遍歉收。欧亚非许多国家因受灾大幅度减产,国内供求严重不平衡,进口需剧增,全球对北美粮食供应的依赖越来越大。在此条件下,粮食形势转向求过于供,粮价扶摇直上,国际谷物价格指数 1969—1971 年为 100,1973—1975 年上升到 190,1976 年小麦出口价比 1971 年上涨 1 倍,玉米出口价上涨 1.1 倍,大米出口价上涨近 1 倍。

国际贸易条件恶化使发展中国家,特别是一些低收入国家,无法通过正常贸易渠道获得必需的粮食,以解决国内的粮食危机,只能依靠粮食援助来维持。而美国出售了大量粮食后就削减了对外粮食"援助"。许多低收入国家粮食供应的困难,使几十万人死于饥饿,进而加剧了这些国家内部的不稳定或动乱,并影响到了整个国际政治经济的发展。

祸不单行,此时,世界粮食的安全储备也发生了问题。1970 年世界谷物结转库存为 1.79 亿吨,占当年总消费的 23%,相当于 3 个月的储备。1972 年谷物普遍歉收后,连续两年动用谷物库存,到 1975 年谷物库存只有 0.93 亿吨,只及总消费量的 11%,即只有 40 天的粮食储备。按规定,粮食储备占世界谷物消费量的 17%~18% 是粮食储备的最低安全水平。当时已大大低于这个标准,如不立即改变,就可能出现更严重的意外事件。

粮食的分量——沉甸甸的压舱石

因此，联合国粮农组织在 1974 年 11 月的罗马世界粮食大会上呼吁，各国要重视"国家粮食安全问题"，认为保证粮食安全是一项国际性的责任，有关国家"应保证世界上随时供应足够的基本食品……以免严重的粮食短缺……保证稳定地扩大生产以及减少产量和价格波动"。会议要求，"全球各国粮食库存应当占当年全球粮食消费量的 18%，作为维护世界食物安全的最低限度"。

另外一起，就是 2008 年的粮食危机。

这次危机肇始于 2001 年。当人类社会满怀信心与期待迈入新千年的时候，酿成粮食危机的因素已悄然来到人类身边，一场席卷全球的粮食危机即将爆发。世界人口增加，能源价格持续上涨，粮食生产成本不断提高，粮食消费升级，使得粮食供求矛盾日益突出。到 2007 年下半年，在一些主要粮食生产国受到严重自然灾害和美元贬值的双重影响下，世界粮价开始急剧上涨。2008 年的前 3 个月，所有主要农产品的实际价格都达到了之前 30 年的历史高点，粮食危机全面爆发。2008 年度世界粮食库存由 2002 年度的 30% 下降到 14.7%，为 30 年之最低；世界粮食储备仅为 4.05 亿吨，只够人类维持 53 天，而 2007 初世界粮储可供人类维持 169 天。

这场危机的后果相当严重。一些国家粮食短缺、粮价大涨，物价飙升、通货膨胀，发生粮荒、民众挨饿。非洲索马里、津巴布韦、利比里亚、毛里塔尼亚等 21 国，亚洲伊拉克、阿富汗等 10 国，南美多米尼克、玻利维亚等 5 国，众多国家民众遭遇饥饿威胁。此外，一些国家出现社会动荡、政局不稳。海地总理因为未能处理好粮食涨价问题被迫下台，成为粮价上涨风潮中首位下台的政治领导人。突尼斯、埃及等西亚北非国家民众高喊着"我们要面包"的口号走上街头，掀起所谓的"茉莉花革命"。传统政权纷纷倒台，也间接促使像利比亚卡扎菲这样所谓的"独裁政权"被推翻。粮食危机直接或间接导致了这些国家的政治危机、政权危机，以及国际地缘政治版图的重新划分。此次危机给实现世界粮食首脑会议和千年发展目标提出的减少饥饿人口目标，带来了更大的难度。

那么，造成此次世界粮食价格危机的主要原因是什么呢？关于原因，可谓是众说纷纭。公认的事实是：

第一，世界石油价格不断上涨，突破历史水平，极大提高了农业生产的成本，造成农业生产所必需的肥料和柴油价格上扬，以及运输成本大幅增长。

第二，不利气候因素造成主要粮食生产国减产，出口量大幅下降。作为世界粮食主要出口国的澳大利亚连续数年遭受干旱气候，小麦出口锐减，仅2007年的出口量就减少400万吨。同年，乌克兰小麦出口也减少300万吨。此外，孟加拉国遭受台风袭击，造成大米减产300万吨。

第三，由于世界石油价格的居高不下，美国、欧盟和巴西等国家（地区）将大量原本出口的玉米、菜籽、棕榈油转用于生产生物燃料，在很大程度上改变了这些传统农业出口大国的农业生产格局并降低了出口量。美国20%的玉米已被用于生物燃料生产，欧盟65%的油菜籽、东盟35%的棕榈油被用于生物燃料生产。这些政策的变化不仅造成了食物供给的减少，更引起了市场对于稳定供给的担忧和恐慌，进一步加剧了粮食价格上涨预期。

第四，美联储的不断降息，房地产市场低迷等都释放了大量的投资资本进入大宗商品期货市场，由于市场预期国际农产品价格将维持高位，自2007年11月以来，已有400多亿美元进入国际农产品期货市场投机炒作。根据亚洲开发银行数据显示，在过去一年内，国际小麦的出口价格增长了130%、大米价格增长98%、燕麦价格上扬38%。世界大量的粮食贮备被掌握在实力雄厚的国际基金炒家手中。

第五，由于粮食价格在短时间内持续上涨，导致一些传统的粮食纯进口国，如印度尼西亚、菲律宾等加速粮食进口，以确保国内粮食供给；另一方面，一些出口国采取的出口限制措施也进一步加剧了供给短缺和市场恐慌。

第六，长期以来，发达国家的巨额农业补贴严重扭曲了贸易，人为压低了国际农产品价格，致使发展中国家的中小粮食生产者和农民不得不放弃农业生产，转而生产其他经济作物，致使许多中小发展中国家的粮食自给能力严重不足，大量依赖进口来维持国内粮食供应。同时，多年来，自由贸易比较优势理论的传播，也钝化了许多发展中国家发展自身农业生产的愿望，天真地认为世界粮食供应永远是充足的，可以完全依赖便宜的进口来替代国内生产，这也是许多国家对这次危机的爆发准备不足的潜在原因。

综观粮食危机，我们能够总结出大概的发展步骤：①在通胀预期的影响下，人们会提前储备一切价格可能上涨的生活物资，而粮食是其中最为重要的。②金融危机爆发总会导致一些公司倒闭，生活物资供应减少。③由于危机下抵御自然灾害能力下降，导致自然灾害效果放大，强化了供应减少的预期。④通胀预期强化发散，投机性需求和超前囤积需求双双爆发，拉动粮价上涨。⑤受金融危机影响，粮食出口国通胀上行，叠加自然灾害，粮价暴涨；粮食进口国创汇能力下降，汇率贬值，进口粮价承受双重上涨压力，通胀恶化，影响了低收入群体购买力，产生粮食短缺，又加剧了恐慌性囤积。世界银行前几年的研究数据显示，东南亚地区粮食支出占收入31%～50%，最高的达70%，而美国只占15%。⑥恐慌性囤积让正常粮食供应秩序崩溃，粮食紧缺情况恶化，粮食危机形成。

从历次粮食危机来看，现代社会的粮食危机更可能是经济危机与天灾的共振，而并非单纯的粮食不足。因为现代经济危机总是伴随金融危机。同时，我们看到的永远只是结果、只是表征。结果和表征背后，更隐秘的原因是什么？真相又是什么？到底是某些力量蓄意而为之，还是所有不利因素不可控制地累加造成，也许很难轻易做出判定。但是，能够带给我们的教训却是可以总结和汲取的。

纵观历次全球性粮食危机，我们可以看到几个特点：①国际市场粮食供求矛盾加剧，"有钱买不到粮"越来越成为可能；②国际粮食价格持续暴涨，"穷人、穷国买不起粮"更成了问题；③部分国家禁止或限制粮食出口；④世界粮食库存跌破安全线。残酷的现实告诉人们，国际粮食市场是靠不住的。依靠别国确保本国的粮食供应风险极大：①粮食出口国也会有粮食歉收的时候，别国没有粮食卖给你；②在国际粮价不断上涨的背景下，别人的粮食要卖高价，你想买也不一定买得起。粮食消费国尤其是像中国这样的大国，只有立足自身，形成供应充足、价格稳定的粮食综合生产能力，才能消除粮食的"不安全"，避免国际粮食危机之火烧及自身。

（二）

从人类社会诞生起，粮食危机便同人类的发展形影不离。要想搞明白粮食危机的形成机制及解决之道，我们必须再次深入历史的肌理去追根溯源，弄清楚来龙去脉。

回眸我国有史以来的人口发展变迁和农业发展历程，能够发现二者之间有着紧密的正相关关系：当农业发展起来之后，人口则会相应地增加。

根据人口专家的考据，我国人口发展脉络大致如下：远古时代 100 多万人，上古时代 2 000 多万人。此后，由于生产力低下，天灾人祸不断，早期人口增长缓慢，并经常出现大规模缺失。例如战国后期，各国之间战争频繁，一次死亡数十万人的战争屡见不鲜。当时，秦、齐、楚三国人口约 1 500 万，赵、魏两国约 800 万，燕、韩两国人口约 500 万。公元前 221 年，秦始皇统一天下，合并七国，再加上其他小国，人口数约 3 000 万。

秦末，连年战乱和饥荒使人口锐减，以至西汉建国之初，人口只有 1 500 万～1 800 万。西汉经过数十年的发展，在汉武帝时期人口一度超过秦朝。但武帝一生好战，开疆拓土，加上天灾频繁，人口又大幅下降。直到宣帝时期，人口才有了缓慢增长。

据班固《地理志》记载，到西汉元始二年（公元 2 年），"民户千二百二十三万三千六十二，口五千九百五十九万四千九百七十八。"就是说户数 1 223 余万，人口 5 959 余万，成为中国人口增长的第一个高峰。

从公元 9 年王莽篡汉到刘秀建立东汉（公元 25 年），由于战争消耗，总人口数量降至 2 000 万以下。据《后汉书》记载，这一数字直到中元二年（公元 57 年），人口数量才略微增长到 2 100 万。到东汉后期永寿三年（公元 157 年），人口重新增长到 5 648 万。

公元 220 年，三国鼎立初期，由于黄巾起义和军阀割据，人口锐减至 1 000 万。西晋太康元年（公元 280 年），天下得以统一，人口恢复至 1 600 万。西晋进入全盛时期后，人口增长至 3 500 万。

随着"八王之乱""五胡乱华"，国家南北分裂，北方人口急剧减少。北人为了躲避战乱，纷纷南迁，史称"衣冠南渡"，使南方人口有所增长。但国家太过分裂，人口进入无法统计时期。直到杨坚建立隋朝，国家重新统一后，统计人口数约 4 600 万。

隋末的战乱，造成人口大幅度下降，以至于唐初人口仅 2 100 万。随

粮食的分量——沉甸甸的压舱石

着唐朝一百多年的发展，到安史之乱（公元755年）前夕，人口恢复到5 200万。唐后期和五代十国时期，由于战争频繁，人口锐减，到宋朝初建时（公元960年），人口只有3 000万。

宋朝政治上虽弱，但经济上却有较大发展，南方的农业、手工业以及科学技术都居于当时世界先进水平。大观四年（公元1100年），人口数达1亿，加上金、西夏、大理等政权，人口数超1.2亿，成为中国人口增长的第二个高峰。

宋末和蒙古的战争，人口又一次剧烈下降。至元二十八年（1291年），记录人数仅5 985万。经历了蒙古的腐败统治，朱元璋通过农民起义，建立了明朝。洪武二十六年（1393年），记录人口数为6 055万。永乐元年（1403年）增至6 660万。随着经济的发展，明朝中后期人口数突破2亿。

明末的天灾人祸和农民起义，再加上大清军队发动的灭明战争，使人口下降40%，清顺治十二年（1655年），人口约降至1.2亿。康熙三十九年（1700年）恢复至1.5亿；乾隆二十七年（1762年）已达2亿，五十五年（1790年）超过3亿；道光三十年（1850年），创造新纪录4.3亿。

随着太平天国起义和清朝的镇压，导致南方人口锐减，下降至3亿，以至于民国初年人口数仍未恢复到道光三十年的水平。

新中国成立时，全国人口达4.9亿，随着经济的发展，医疗条件的提高，人口迅速增长。1973年达到8.9亿，1981年突破10亿，2005年突破13亿，2018年突破14亿。

从几千年间人口数字的涨涨落落中，能够清晰地看到，历史循环往复向前发展的趋势。大规模战争，造成人口大面积锐减；伴随着农业的恢复与发展，人口重新恢复和增长。

当然，农业发展与人口增长之间又存在着一种作用与反作用的关系。伴随着人口的急剧增加，一方面，为农业的发展提供了充足的人口资源，我国农业的精耕细作、单位面积产量的提高，是以大量人力投入为保障的；另一方面，为了养活越来越多的人口，出现了规模越来越大的垦荒运动，长期的大规模垦荒，在增加粮食等农产品产量的同时，带来了大片大片森林的砍伐和草地的减少，一些不适合开垦的山地草原也垦为农田，由此造成和加剧了水土流失、土地沙化荒漠化等生态环境恶化的严重后果。

在此，不得不慨叹我们的先辈先民们，以他们的勤劳和坚韧，胼手胝足地充分开发着每一寸国土，在条件极其严酷恶劣的大石山区、荒漠地区、高寒地区，在每一个看似"生命禁区"的边边角角开垦着土地、种植着谷物、繁衍生息着中华民族的血脉。尽管，生态破坏的教训是深刻的，但同时华夏儿女的精神力量又是撼动人心的。

（三）

从中国的人口变迁再放大到整个人类历史上的人口变迁，同样可以得出人口增长完全是由粮食生产能力所决定的结论。只有大力发展农业生产，人类才能真正解决粮食问题，人口才能相应增加。

进入新石器时代，人类逐渐从食物的猎取者和采集者转变为粮食的栽培者和牲畜的饲养者，这一转变标志着人类进入到了农耕社会，这是人类文明史上第一次农业革命。进入青铜器时代，人们可以用金属制作农具，大大提高了农业生产的效率，被认为是人类社会的第二次农业革命。农业革命是人类文明发展的重要基础。农业社会出现前，全世界人口一直没有超过1 500万。从农业社会出现到第一次工业革命将近五千年中，伴随农业开荒与耕种技术进步，世界人口才勉强到达10亿。

人口是农业社会的基本劳动力，但相当长时间被农产品产量所限制。英国经济学家马尔萨斯在《人口原理》中认为，人口增长有两个基本假设：一个是人类生存靠食物；另一个则是人类的情欲不可消除。也因此，食物的增长是算术级数，但人口的增长是指数级数，这两者之间的增长率不一样，人口增长一定会受增长较慢的食物所制约。

在马尔萨斯的时代，实证数据确实展示出了这种矛盾：当人口增长率超过农产品增长率时，就会出现饥荒、战争等来降低人口，所以人口数就在粮食产量附近反复横跳，顺道发生些改朝换代。暂且不去讨论马尔萨斯理论中饱受争议的部分，至少人口与食物的关联性是毫无疑问的。

我国气象学家竺可桢提出的"小冰河期"理论，也提出了这种关联性。四次"小冰河期"导致地球气温大幅度下降，使全球粮食大幅度减产，由此引发社会剧烈动荡，人口锐减。前三次"小冰河期"中国人口锐减超过五分之四，明末最后一次人口只锐减一半是得益于美洲传来的抗旱高产作物土豆、玉米和红薯救的命。

不管是哪种理论，都一再证明着人口与农业发展的紧密关联。而近现代社会开启了某种机制，这种机制保障了农产品可以不断满足需求。在工业革命之后仅两百多年时间里，世界人口到达了70亿，而且这是个指数增长的过程：世界人口在1959年才到达30亿，1974年就到了40亿，此后不到四十年的时间里，地球上又多了30亿人口。

为什么在近五千年的时间里，世界人口才缓慢增长到10亿人？而仅仅是近代以来两百多年时间里，世界人口就快速到达了70亿呢？这其间到底发生了什么？

（四）

过去几千年间，世界各国人口的增长速度都是较为缓慢的，直到近现代全球人口开始打着滚数以亿计地增长。这其中，我们当然可以说，现代医学对于平均寿命的延长起到了重要作用。但至为关键的还是，农业的供给能力急剧增强了。那么，为什么地里突然能够长出来多养活几十亿人的口粮了呢？这多出来的几十亿人的口粮是怎么增加的呢？

传统农业时代，农业生产率较为低下，即便有提高，也是极为缓慢的，直到工业革命到来之后。第一次工业革命主要是蒸汽机的发明，第二次主要是钢铁机械的发明，以此为基础，发展到后来的柴油机、电动机等，现在地里用的小型机械基本上都得用柴油机带动，也由此农业用具的机械化、自动化逐步发展起来。工业革命带来的科学技术的发展，给农业提供了先进的生产工具，使农业得以由过去牛耕到后来拖拉机，再到应用各种大型耕作机械用具，农业生产率得到巨大提升。

工业革命对农业的重大影响还有化肥的发明和应用。我们知道，农作物的生长离不开肥料，自人类驯化农作物开始，肥料的发展经历了三次重大变革。第一次是在原始农业时期，那时的古人对农作物的认知有限，普遍采用的是刀耕火种的劳作方式，即先用石刀等工具把野草和树木砍掉，然后放火付之一炬，清理出供农作物生长需要的土地。之后再用石刀或是木棍在地上挖好洞，将农作物的种子埋进去。先民们在无意识的情况下，烧出的草木灰烬含有作物生长需要的养分，便成了最早的人工肥料，这与今天很多地方在秋收后焚烧秸秆异曲同工。

随着先民从原始社会迈入文明社会，农具从最初的石器升级为耒耜、木犁等更为先进的工具。春秋时期随着公田制的逐渐崩溃，大量的私田开始涌现。人们为了追求自家田地的产量，开始积极探索和尝试，并逐渐发现，通过施肥的方式，可以提高黍、粟等作物的产量，且借此实现连续耕作，不必再休耕。人们开始尝试把人粪、厩粪、草木灰等当做肥料施用到田间地头。到了战国时期，施肥已经非常普遍，作物亩产量从几十斤提升到了上百斤。至于欧洲，对肥料的使用足足比中国晚了1 500年，直到我国北宋年间欧洲才开始应用。

第三次肥料的变革则是从欧洲工业革命时期发端的。在1840年德国科学家李比希在总结前人经验和成果的基础上，提出了"矿质营养学说"，为化肥工业的兴起奠定了理论基础。到了1843年，世界上第一种化学肥料过磷酸钙终于在英国诞生了，并很快应用到了农业生产中去。1909年德国化学家弗里茨·哈伯首次人工合成出了人类第一滴氨水，发明了合成氨技术，氮肥由此诞生。弗里茨·哈伯在1918年获得诺贝尔化学奖，颁奖词对他的评价是，"这项贡献将可能影响几亿人"。

事实证明，合成氨技术是20世纪最伟大的发明，化肥是工业革命最伟大的技术成果之一。与其他肥料相比，化肥的营养元素提取自非生命体，合成的营养物质容易分解，普遍为无机肥，营养元素容易更快地被作物吸收。合成氨的发明，使得人类能够在数量和时间上掌握肥料，突破了自然界的限制，也避免了传统肥料的多种弊端，具有养分可控、营养元素集中、含量高、使用方便等特点。时至今日，这项贡献影响已经不仅仅是几亿人了。

作为农业工业化进程的一部分，农业机械、农药、灌溉系统，甚至育种技术，都从底层推动了农产品产量、生产率的提高。而这些变革背后的动力其实是都是工业革命带来的技术、煤炭、石油、化工、电力、钢铁等行业的支持。正是这些变革，使得全世界迎来又一次人口高峰。

当然，自20世纪70年代开始，不论发达国家还是发展中国家，都因为环境污染事件出台了环境保护的相关法规，环境科学也被学术界接纳并进入主流视野。最早两本书籍《寂静的春天》与《增长的极限》，对公众进行了一次环保启蒙。

《寂静的春天》提及大量农药滥用的案例，而《增长的极限》则回归马尔萨斯理论，认为地球资源会最终限制经济增长，从而引发了关于可持续性的讨论。而绿色文明与环境保护背后的讨论，本质上是解决工业化农业出现的问题。

总之，人类要感谢历次工业革命给农业带来的变化，由此带来了巨大的人口增长，并满足了人们的生存需求。当然，滥用化肥农药引发日渐严重的环境问题，在进入生态文明时代之后也必须提上议事日程。

（五）

从国际层面考虑解决粮食问题，二战是个分水岭。

二战之后，全球粮食问题凸显。为此，国际社会为解决粮食危机采取了多项具有历史意义的重大行动。

先谈谈当时的背景。二战全面摧毁了欧洲和亚洲的农业，其情况远比第一次世界大战严重。据统计，战争结束后的第一年，世界粮食总产量只有5.33亿吨，比战前1934—1938年平均产量6.5亿吨降低18%，而人口却比战前增加了10%左右。一降一增的结果使缺粮国数目比战前大为增加。战前许多曾是粮食出口的国家和地区也变成了粮食进口的国家和地区。

当时只有美国、加拿大等几个主要产粮国得益于远离战场而独领风骚，粮食生产不仅没有遭受破坏，反而因战时的需求而扩大了，战后初期它们成为世界上唯一有余粮的国家。据统计，1946年美国、加拿大、阿根廷、澳大利亚可供出口的小麦占其总产量的34%。但上述各国所出口的粮食远不能满足广大缺粮国的需求，无法改变欧洲、亚洲和非洲广大地区和国家的居民处于饥饿和半饥饿的状态。粮食问题自然备受国际社会关注。

战争即将结束时，国际社会为避免重蹈第一次世界大战后临渴掘井的覆辙，于1943年召开了国际性的粮食和农业会议，分析战后的粮食形势，会商粮食供应办法，拟订了各种临时应急措施，并创建联合国粮食和农业组织，负责研究制订长远的农业发展措施，通过国际行动来结束战后世界粮食匮乏的危机。

1950年，联合国粮农组织在世界农业普查基础上，首次提出每人每天达到2 600千卡[①]热量的目标是改进落后国家人民的营养目标。为实现此目标，世界粮食产量到1960年应比战前增加90%，到1970年应比战前增加110%。实现上述粮食增产目标的手段是科学技术革命和运用工业的巨大成就。

在联合国粮农组织的推动和影响下，各国纷纷制订粮食发展战略，抓紧采取恢复和发展生产的措施，并优先给予实施保证。总的来说，粮食和农业发展成绩是可喜的，但发展中国家经济和农业发展缓慢，居民食品严重不足、营养不良情况严重。

针对上述情况，1960年7月，联合国粮农组织提出"向世界饥饿进行斗争"的口号，提高世界对饥饿斗争的认识，同时在发展中国家采取一系列措施，主要是通过培育和推广高产小麦和水稻品种，改善灌溉和使用化肥来提高粮食产量，即所谓的"绿色革命"。1962年，决议筹建世界粮食计划署，负责多边粮食援助。

国际上通用的"粮食安全"一词，是1974年11月联合国粮农组织在罗马召开的第一次粮食首脑会议上提出的。当时的世界粮食形势十分严峻，1972年世界谷物库存1.75亿吨，而占世界人口约3/4的发展中国家只有5 400万吨，仅占31%；世界粮食库存量只占消费量的14%。1973年、1974年世界谷物库存量分别占消费量的15%和14%。这次会议就是在这种形势下召开的。会议通过了《消除饥饿和营养不良的罗马宣言》和《世界粮食安全国际约定》，第一次提出了"粮食安全"的概念。这里需要指出的是，1974年世界粮食大会认为，危机主要是由粮食产量不足引起的，因此将粮食安全定义为："保证任何人在任何时候都能得到为了生存和健康所需要的足够食物"。

1978年，联合国粮农组织提出《20世纪末的农业》报告，为消除饥饿的目标提出了战略构想。1983年4月，联合国粮农组织粮食安全委员

[①] 卡为非法定计量单位，1卡＝4.18焦耳，下同。

粮食的分量——沉甸甸的压舱石

会通过了"粮食安全"的新概念，即"粮食安全的最终目标应该是，确保所有人在任何时候既能买得到又能买得起他们所需要的基本食品"。

20世纪80年代开始，家庭粮食安全，即家庭获得粮食的能力，成为粮食安全的重要内容。1981年，经济学家阿马蒂亚·森在其出版的《贫困与饥饿》一书中首次提出"粮食保障"的概念，指所有的人在任何时候为了一个积极而又健康的生活应得到充足的食物。1983年，联合国粮农组织对粮食安全概念进行了修正，称"粮食安全的最终目标是确保所有人在任何时候既能买得起又能买得到他们所需要的基本食物"。此时，联合国粮农组织关注的主要是贫困人口的粮食安全问题。

90年代，国际社会针对新问题提出了新观念，采取了一系列战略性行动。1992年，首届国际营养大会召开。会议对粮食安全概念进行了深化，提出"在任何时候人人都可以获得安全、营养的食物来维持健康能动的生活"。《世界营养宣言》采用以营养为中心"综合食物保障"的粮食安全新观念；国际社会确立农业和农村可持续发展的概念和《21世纪行动议程》；关贸总协定乌拉圭回合的农业谈判规定了农业贸易逐步自由化的进程；联合国粮农组织《迈向2010年的世界农业》报告，突出了粮食安全和营养及农业和农村可持续发展两个最重要的基本主题。

国际社会在聚焦粮食问题的过程中，逐步发现，全球粮食产量持续上升，粮食储备持续增加，饥饿却仍然如影随形。粮食危机的主要根源并不一定由产量不足引起，也可能由购买力不足引起。于是在1996年，第二次世界粮食首脑会议上再次会商21世纪确保人类获得基本粮食安全的大事，通过《粮食安全罗马宣言》，对粮食安全问题提出了更高的要求，粮食安全被定义为以下四点：

(1) 粮食供应的数量要有保障，即足够的粮食。

(2) 粮食的质量要有保障，即获取"安全、富有营养"的食品。

(3) 粮食供给的稳定性和长期性要有保障，任何时候都能获取。

(4) 粮食的可获取性要有保障，人们有能力通过生产或交易获取粮食。粮价暴涨显然将影响很多人的粮食获取能力，导致在粮食供应充足的情况下也可能发生粮食危机。因为经济危机摧毁了交换关系。

同时，这次会议确定，在2015年前将世界现有8亿多营养不良的人数减少一半的目标，要求各国和国际社会共同采取改革与行动计划。

世界粮食生产在国际社会的大力关心与积极推动下，在各国的重视与认真采取政策措施条件下得到了加速发展。20世纪70年代的世界粮食危机没有呈现进一步恶化趋势，直到90年代，粮食生产与供求形势出现明显好转，发展中国家长期营养不良人口的绝对数及相对比重均开始下降。

二、"稀缺性"不可忘却

中国人的生活哲学是中庸之道、过犹不及。从粮食与食物消费来说，比起供给不足的年代，这样的原则在供给充足的时代更有提倡的必要性。因为供给不足时需要把握这个原则的人是少数，而供给充足时几乎人人都需要面对这样的问题。

在经济学中，效用是指商品满足人的欲望的能力，或消费者在消费商品时所感受到的满足程度；稀缺价值论也就是平常所说的边际效用递减。根据边际效用价值理论：越是稀缺，其价值越高。没有稀缺性的物品，造成物品浪费和使用损害的可能性极大。

这从另一方面说明了依中庸之道组织消费的合理性，不能也不该浪费粮食。

（一）

"触目惊心，令人痛心。"这是习近平总书记在针对餐饮浪费现象时说的一句话。总书记的重要指示，既关乎每个人的日常生活，又涉及粮食安全问题，既是在呼唤勤俭节约的中华传统美德，又是在倡导科学文明的现代生活方式，必须切实在全社会营造浪费可耻、节约为荣的氛围。

据统计，全球浪费粮食形势严峻。全球每年约有1/3粮食被损耗和浪费，总量约每年13亿吨，造成高达7500亿美元的直接经济损失。数千年历史中，虽然人类文明在持续进步，农业技术全面升级，粮食品种不断丰富，"饥饿问题"却始终伴随着我们。据联合国粮农组织发布的数据显示：全世界约有8.2亿人，面临粮食短缺问题，这一数字约占全球总人口的九分之一，相当于世界上每9人中就有1人挨饿；全世界约有1.5亿名

粮食的分量——沉甸甸的压舱石

5 岁以下的儿童，因饥饿问题发育不良，占全球儿童总数的五分之一，在印度和孟加拉国等南亚地区，这一比例更高达 55%。为唤起全世界对发展粮食和农业生产的重视，1979 年，联合国粮农组织大会决议确定，从 1981 年起，将每年的 10 月 16 日确定为"世界粮食日"。

党的十八大以来，习近平总书记多次强调要制止餐饮浪费行为。各地各部门出台相关文件、开展"光盘行动"等措施，狠刹浪费之风，"舌尖上的浪费"现象有所改观。然而，在群众反映强烈的公款餐饮浪费有效遏制之时，其他形式的餐饮消费中的浪费现象还很突出，爱面子、讲排场的过度消费还不同程度存在，禁而难绝。比如，商务宴请中，追求上档次，吃一半，扔一半；团餐婚宴上，点得多，吃得少；一些学校、单位食堂里，食物浪费现象触目惊心；自助餐厅里，眼大胃口小，不管能不能吃完先拿一堆；飞机上未食用的盒饭，直接被当成垃圾处理……食物浪费，令人心痛。据测算，我国城市餐饮业仅餐桌上食物浪费量就高达 1 700 万～1 800 万吨，相当于 3 000 万～5 000 万人一年的食物量。我国每年浪费的粮食约 3 500 万吨，这个数字接近中国粮食总产量的 6%。多么令人揪心的数字，中国当年经历的饥荒时代离我们并不远，居安思危适合在任何一个时代，艰苦朴素的传统美德什么时候都不能忘。

"谁知盘中餐，粒粒皆辛苦。"自古以来，勤俭节约就是中华民族的传统美德，有大量古训都提醒我们要敬天惜粮、爱惜食物，可如今为何餐饮浪费却司空见惯、比比皆是？究其原因，或许是因为随着我们国家整体生活水平的大幅提高，农产品供给的极大丰富，摆在人们面前的是三个"远了"。一是离饥饿远了。人们在"吃得饱"后，又要追求"吃得好""吃得多样""吃得健康"，逐渐淡忘了饥饿的滋味，改革开放后出生的年轻人更是不知饥饿为何滋味，以为食物极大丰裕是理所应当的。二是离食物源头远了。过去我国有 80% 以上人口是农民，春种秋收、起早贪黑，多少次烈日当空，多少次披星戴月，方能赢得丰收的果实，他们深知一粒米、一颗麦中饱含的辛劳。而今，当多数人远离了农业生产一线时，则极易忘记一粥一饭的来之不易。三是离崇农惜粮意识远了。当不再饥饿、远离农业之后，随之而来的则是忽视了粮食的珍贵，淡漠了对农业的尊崇，忘却了对食物的敬畏。

但是，饥饿真的远离了吗？我们告别粮票制度还不到 30 年！2020 年全球新冠肺炎疫情所带来的食物供应紧张及多国禁止粮食出口的影响给我们敲响了警钟，尽管我国粮食生产连年丰收，对粮食安全始终要有危机意识。要知道，国人完全吃饱肚子不过才三四十年时间，而仅是近代以来的一百多年里，我们国家就遭遇了多次饥荒。尽管当前我国粮食足够国人吃上一年，但是粮食安全并非高枕无忧，粮食供求始终处于"紧平衡"状态，因此，必须时刻绷紧粮食安全这根弦，危机感时时都要有。

"俭，德之共也；侈，恶之大也。"即便是饿不着，也绝不能大肆挥霍浪费食物。有人会说，"我花的是个自儿的钱，关别人什么事？"也有人觉得，"我人小量少，浪费一点点，能怎么样啊？"还有人认为，"浪费不正好还能够拉动消费吗？"应该说，这些都是片面而错误的认识。首先，钱的确是个人的，可粮食是全人类的资源，一个人的浪费就意味着消耗了本属于别人的那份资源。其次，浪费粮食看上去是个人行为，但我们常说，中国是 14 亿人口的大国，任何一个微小的数字，不管是浪费还是节约，乘以 14 亿，都将是惊人的数量。另外，浪费绝不是消费，二者有着本质的区别。促消费是鼓励人们不断追求美好生活，浪费却是对资源的不必要消耗，是以消费之名行浪费之实。更何况即使我们已经全面建成小康社会，但我国人均 GDP 在世界排名仍然靠后，我们又怎能未富先奢？

袁隆平曾经痛心地斥责食物浪费："我们国家人口这么多，耕地又这么少，国家投入很大，辛辛苦苦地钻研来提高产量，我们的水稻产量，每亩提高 10 斤、5 斤都是很难的，好不容易提高了呢，又浪费了！"唯有从每一个人做起，才能在全社会形成一种浪费可耻节约为荣的良好氛围。爱惜食物，节约粮食，不仅仅是节省自己的腰包，更是为国家作贡献，为全人类作贡献。

（二）

从理论上来说，稀缺性可以分成经济稀缺性和物质稀缺性。如果资源的绝对数量并不少，可以满足人类相当长时期的需要，但由于获取资源需要投入生产成本，而且在投入一定数量生产成本的条件下可以获取的资源数量是有限的、供不应求的，这种情况下的稀缺性就称为经济稀缺性。如

粮食的分量——沉甸甸的压舱石

果资源的绝对数量短缺，不足以满足人类相当长时期的需要，这种情况下的稀缺性就称为物质稀缺性。对于粮食而言，其兼具经济稀缺性和物质稀缺性，绝不可以当作不稀缺的物资。

听老辈人讲过这样一个神话传说。相传在人类社会之初，人类的生活十分富足，不愁吃不愁穿，生活得无忧无虑。其中一个原因就是那时的五谷产量特别高，而其产量特别高的原因是五谷的穗头特别大，尤其是麦子，它的穗头是从根芽冒出地面就开始长的，整个一棵麦子就是一个大麦穗。

可是，不知过了多少年后，人对物欲的追求越来越大，人类变得自私和贪婪了，互相之间的争斗也多了起来，为了那么一点点的眼前利益，往往兄弟之间都争得面红耳赤，其善心也越来越少、越来越小了。老天爷看到了这些，决定给人类一些警示，以便人类能醒悟、返回到原来的本性上去，就派下一些天神来，变化成不同的人相，到世界各地去做一些事情。

在一个青黄不接的时候，有个地方的麦子青青的，还没有变黄，也不能收割。这时，村庄里来了一个要饭的老乞丐，他骨瘦如柴，衣衫破烂不堪，蓬头垢面、脏兮兮的身上散发出难闻的气味，一手拄着一拐棍，一手捧着一破碗，沿街挨家挨户地乞讨，嘴里不停诉说着自己的种种不幸和乞讨的原因，可是没有一家人能给这老乞丐一口饭吃。这时正值农村里做中午饭的时候，有的主人忙着做饭，顾不得给老乞丐一点饭食，有的已经把饭菜盛到碗里了，一看到老乞丐浑身上下脏兮兮的，就不愿意搭理他，更听不进去老乞丐的诉说。老乞丐饿得实在没有办法了，这时候眼发花，耳发鸣，腿打恍，迈一步退三步了。

可是就是没有人给他一口饭吃。更可气的是有一个农村妇女，他正在擀面片，这个老乞丐走到他们家院门跟前，正好小孩拉屎了，妇人转身就从面板上揪下一块面片，很随便用面片擦了小孩的屁股。当老乞丐走到妇人跟前的时候，妇人"咣当"一声就把院门关住了。老乞丐的眼泪这时扑簌簌地往下掉，感到人类是实在没法可救了。但老乞丐还是不死心，继续往前走。

当这位不幸的老乞丐依旧无怨无恨地讨要到这村庄边的最后一户人家的时候，这户人家院子里养的一条有灵性的大狗却看到老乞丐的真相了，

· 124 ·

第五章　腹饱莫忘有饥饿

这狗就急忙对着主人的屋叫了起来，意思是叫主人快给老乞丐好饭吃。这家的主人听见狗突然叫的这么急，以为出了什么事，急忙出来看，见是来了一个老要饭的，就连理睬也不理睬，回头就要回屋里去。狗一见这情景就更着急地朝着主人叫了起来。这主人以为狗是对着不肯走的老乞丐在叫，就走过去赶那老乞丐走。

老乞丐照样无怨无恨地向这主人重复着曾对前边的人家讲过的话，告诉这家主人，他已经有好几天没吃饭了，饿的都快走不动路了，请主人发发善心，哪怕就给一口剩饭吃也好，"饿时给一口，胜似饱时给一斗"啊！

这家主人听到这些，依旧无一丝的怜悯恻隐之心，仍然冷冰冰地赶走了这位老乞丐。这条狗急得围着主人团团转、嗷嗷叫，却丝毫不奏效。老乞丐转头走时，平淡地说："人这样没有一点善心，最终是后悔也来不及的了。"说完就神态不一般地向村边的麦田走去。

这家主人听这话、见这情景不一般，就跟在老乞丐后边看，一些村里人也都跟在后边看。只见这老乞丐走到麦田里，口中念念有词地不知在说些什么，从根部用两个手指捏着一棵麦子的穗就向上撸。这一撸，使所有田里的所有的麦穗都变短了、也变小了，越向上撸，麦穗就越小。

人们见到这情景几乎都被惊呆了，继而有的人开始沉思，有的人有点感到愧疚了……但是却无人实际地做点什么。而这家主人却仍不觉醒、不知悔过，或许他在想：这田里的没了，还有其他田的；今年的没了，还有明年的；反正我家里还有存粮吃的。那条狗却知道这事的严重后果，着急地来回围着主人和老乞丐叫着、哀求着。眼见主人不醒悟，而老乞丐手中的麦穗越来越短越小，无奈中，这狗两前腿一蜷，就给老乞丐跪下来，不住地朝地上点头、磕头，嘴在不住地呜咽着，乞求老人给迷于世间的人留一口饭吃。老人见事已至此，看到已经有人开始惊醒，同时又被这狗的诚心和善心所感动，长叹一声，松开撸麦子的手指，站起身就走了。

从此以后，麦穗就变成了现在的这个样子，人类也经常有饥荒的发生。人们为了记住这次教训，就流传下了这个故事；为了纪念那条忠诚善良的狗，许多地方至今仍然传承着一个习俗——每逢过年或新麦子下来时，敬奉神的仪式完毕后，养狗的人家要先给狗吃一顿馒头、包子等麦面做的饭食。

粮食的分量——沉甸甸的压舱石

千古以来，类似这样的故事一直在警示着人类，教育、启迪着人们的良知善念。过去的人，碗里一粒米都不会剩的，这都是必须遵守的习惯。不许剩饭，盛到碗里的必须吃完。记得小时候在家吃饭，几乎每顿都看到奶奶把我们小孩子掉在地上的饭一粒一粒拣起来，吹一下送进自己嘴里吃掉，还一边不停地说，可千万别拿脚去踩饭，天上的神灵看着呢，谁糟蹋粮食将来要遭报应挨饿的。她还不知多少遍地向我们讲着一个财主是如何变成叫花子的故事。如今几十年过去了，笔者也会仿效老辈们的做法，敬惜食物。有时剩饭实在不得已非倒不可的时候，内心里仍有一种犯罪的感觉。

贫穷年代，在众人眼中，浪费粮食的行为不仅是可耻的，甚至是一种罪恶。那时的孩子若有此举，大都会被家长训斥乃至责罚。现如今，生活富裕了，物质丰富了，食品丰盛了，人不会因浪费粮食而饿肚子、受责怪了，于是许多人便对食品以及其他物品、资源的浪费行为不以为意、麻木不仁。有些人有些家庭，好像不每天倒点东西就显不出自己家有钱。没有了路人侧目、"人人喊打"的社会环境，丧失了羞耻之心，浪费起来也就心安理得了。没有饥饿就不可能真节约，粮食不值钱也不会真节约。在没有饥饿的情况下，节约粮食只是一个纯粹的道德问题。

当中国人尤其是年轻人没有了饥饿的体验和记忆，节约粮食光靠倡导和道德说教是没有用的。饥饿感这东西，没有体会过，真的理解不了有多疯狂。多数人都没有经历过那种饥饿刻入骨髓的恐慌。根本没有东西吃时，饿的感觉会充斥全身每一个角落，脑子里除了吃之外无法长时间思考任何东西。生命就是靠吃来不停延续，停止进食就等于放弃生命。

听老辈人讲过，用了好种子，年产量增加很多，老人家开心得抱着大米睡觉。直到20世纪末期、21世纪初的那几年，有不少农民还喜欢囤大米，放上千斤谷子在家里，历史记忆让他们非常看重粮食。

（三）

进入现代社会，随着农业科技的突飞猛进，粮食不会再像过去那样，成为悬在人们头上的达摩克利斯之剑了吗？然而，恰恰相反，粮食不安全、饥饿无时无刻不威胁着我们生活的这个世界。

2021年7月12日，联合国粮农组织、国际农业发展基金会、联合国儿童基金会、世界粮食计划署、世界卫生组织最新发布《世界粮食安全和营养状况》报告。报告指出：六年前，我们曾承诺到 2030 年实现消除饥饿、粮食不安全和一切形式营养不良的目标，但六年后情况却截然不同。当时，尽管我们深知面前的挑战不容小觑，但我们依然乐观地相信，只要采取适当的改革措施，就能在以往进展的基础上大范围加快步伐，稳步实现这一目标。然而，我们看到了令人失望的现实。全世界在实现有关确保所有人全年都有安全、营养和充足食物的可持续发展目标或有关消除一切形式营养不良的可持续发展目标上均未取得整体进展。

《世界粮食安全和营养状况》报告强调，新冠肺炎病毒疫情已对全球经济造成巨大破坏，引发了自二战以来最为严重的衰退，如果我们不能快速采取行动，那么包括儿童在内的大批民众的粮食安全和营养状况将出现恶化。遗憾的是，疫情仍在不断暴露全球粮食体系中存在的问题，这些都威胁着世界各地人民的生活和生计，尤其是最弱势群体以及生活在脆弱状况中的人民。

该报告估计，2020 年全世界有 7.2 亿～8.11 亿人口面临饥饿，与 2019 年相比增加了 1.61 亿。2020 年有近 23.7 亿人无法获得充足的食物，在短短一年内就增加了 3.2 亿人。世界上没有一个区域能够幸免。由于健康膳食的高成本以及长期存在的严重贫困和收入不平等现象，健康膳食对世界各地约 30 亿人而言依然遥不可及。此外，本报告中的最新分析结果表明，健康膳食在经济上愈发让人难以负担，与中度或重度粮食不安全问题的恶化有着密切关联。

最新版《世界粮食安全和营养状况》报告的措辞是严肃的，语气是沉重的。回溯历史，应该说是从第二次世界大战之后，粮食问题成了国际社会所关心的头号问题。

三、节约粮食就是珍惜幸福

我们距离吃不饱饭才不过几十年，我们告别粮票制度还不到 30 年。饥饿的记忆不能忘记！节约粮食即是珍惜幸福。笔者常对自己孩子说的一句话就是，"惜粮有饭吃，惜食有福享。"

粮食的分量——沉甸甸的压舱石

（一）

有这样一段关于1958年大炼钢铁时期农业和吃饭情况的描写，十分具体形象，很容易让人有身临其境的感觉。笔者读后觉得，今天的人们真该好好地珍惜每一粒粮食。

五八年大炼钢铁、粮食交公吃大锅饭后，人们仿佛一夜间过上了共产主义的幸福生活，粮食对于个人来说显得不是很重要了，开始糟蹋起粮食来，玉米棒子丢三落四地遗弃在玉米棵上或散落在田间小路上，有的甚至嫌跘脚碍事，抬起腿飞起一脚，就将散落在路面上的牛角棒子（玉米棒）踢到路旁的边沟里。霜降过后，岭地里葫芦头般大的地瓜被社员敷衍地刨挖后，大部分地瓜遗弃在土地里变成了来年肥料。每当父亲看到这种情景时，就会自言自语、泪流满面地说道，"天不灭人人自灭啊！"。

一年多后，饥饿就如瘟疫一般席卷大地，不切实际的大锅饭理想主义，经过狂热地推波助澜后，犹如被吹胀的气球撞到了锋利的针尖上，噗地一下就消失得无影无踪了，村里粮库、食堂里仅存的那点粮食经不住村里上千张嘴嚼磨，大锅饭由稠变稀、变薄，最后如同清水。没有希望的食堂、无法填饱肚子的大锅饭，在大人、孩子饿得发绿的眼光中解散了，树叶、树皮、玉米芯、地瓜秧成了果腹的美食，待能填肚子的树叶、树皮、瓜秧被一扫而光后，观音土也成了满足胃口的对象……

当时，我们一家能够侥幸脱离饥饿、死亡的魔掌，全靠父亲平时出工劳作时，将那些遗弃在田野里的瓜秧、萝卜秧子捆绑在一起，收工时用锨把挑在肩上，背回家后堆码在西厢柴房里，留作冬天烤火取暖用的。当时预感到大锅饭吃不长久后，没舍得烧掉，成了一家人填肚果腹的口粮，更没想到的是平时用来饲养牲畜的草料，反而变成了一家人赖以生存的救命稻草。

即使到了粮食问题有所改善的20世纪60年代后期，粮食紧俏乃至金贵的故事也俯拾即是。山西省垣曲县政协主席李鹏同志在他发表在《黄河原创文学》上的散文中，记述了这样一件事：

家里的一台老缝纫机和我的年龄一样大，那是母亲在怀上我的那一年，和父亲一起步行到县城买下的。据母亲说，那次和父亲一齐挑缝纫机差点饿死累死在山路上。第一天来到县城买下缝纫机后就住在一工作在县城的亲戚家,当时城里的生活并不比农村好多少,粮食按人头定量供应,每顿饭都要精打细算。第二天清晨父母每人在亲戚家只喝了一小碗稀饭,吃了一小块发糕,便分开挑着上百斤重的担子踏上了百里山路,吃的那点食物很快便消化光了,肚子里空空的。

走到半路一步也挪不动了,身出虚汗、心慌体软、眼冒金星。在实在没有办法的情况下,父亲看着不远处的一户人家对母亲说,你去看看能不能讨碗热水喝,有气无力的母亲便艰难地走上前去讨水喝,好心的山里老婆婆给母亲端来半碗面汤,母亲和父亲喝了后,才觉得身上有了点劲,硬是坚持着一步一步临天黑时才把缝纫机挑了回来,到家后父母都瘫软在了地上。可以说那次差点要了母亲的命,也差点要了我的命。半碗面汤父母一生未忘,后来路过此地总要看看老人,再后来这家人不知去哪了,父母路过此地还要驻足观看,也常常向我们提起此事。

粮食的种类无论怎么划分,树叶、树皮、玉米芯、地瓜秧、面汤等也不会在其中。但是这些物事却确实替代过粮食来维持生命活力。以后的生活无论过得再富裕,这样的情形也需要记住。

(二)

在联合国粮农组织,粮食一词有广义和狭义之分。广义上的粮食,指的是食物或食品(food)。1995 年,联合国粮食及农业组织所列的详细 FOOD 产品目录含 8 大类 106 种:①谷物类 8 种,即小麦、稻谷、粗粮(包括大麦、玉米、黑麦、燕麦、黑小麦、高粱);②块根和块茎作物类 5 种;③豆类 5 种;④油籽、油果和油仁作物 13 种;⑤蔬菜和瓜类 20 种;⑥糖料作物 3 种;⑦水果、浆果 24 种;⑧家畜、家禽、畜产品 28 种。狭义上的粮食,指的就是谷物(cereal)。

新中国成立后的 1950 年,粮食品种是指小麦、大米、大豆、小米、玉米、高粱和杂粮七大品类。1952 年,粮食减为四大品种:小麦、大米、大豆和薯类。1957 年,粮食增为五大品种:小麦、大米、大豆、杂粮和薯类。1971 年又把杂粮类改为"玉米"等,粮食为新五大品类:小麦、大米、大豆、玉米、薯类。1979 年后《辞海》对粮食的解释是各种主要

粮食的分量——沉甸甸的压舱石

食料的总称，如小麦、高粱、玉米、薯类等。1996年，根据种植面积及产量排列为：稻谷、小麦、玉米、薯类、大豆、谷子、高粱、其他杂粮。1990年，国家粮食定购的品类：小麦、稻谷、玉米、大豆。目前，我国的主粮是小麦、大米和玉米。

关于我国粮食消费水平，不同机构的数据存在明显差异，但基本趋势一致，数据差异主要出现在近10来年。虽然不同研究得出的预测数据差异较大，但都表明我国粮食消费需求仍将大量增加，这一长期趋势不会改变，预计到2035年我国粮食需求将会达到7.3亿吨左右，从总体水平来看，我国粮食消费量已经超过6亿吨。在经济社会发展整体水平较低的情况下，吃饱是需要优先解决的问题，在20世纪90年代中期以前，口粮消费占粮食消费的比重一般在60%以上，到2012年这一比重下降到40%以下，饲料用粮和工业用粮迅速增加，所占比重快速上升，分别从28.52%、8.39%提高到38.07%、20.08%，目前饲料用粮已经取代口粮成为最大的用途。

粮食用途结构的变化，也引起了粮食消费品种结构的变化，从不同粮食品种来看，粮食消费呈现出越来越集中的趋势。1978年，稻谷、小麦、玉米、大豆，4个品种消费量所占比重为72.88%，到2012年这一比重上升到了93.33%，由于增长速度不同，不同品种在消费中的地位也发生了重要变化，作为最主要的口粮，稻谷消费所占比重长期最大，1978年为40.31%，但由于增长速度相对较慢，这一比重已经下降至30.59%，玉米的主要用途是生产饲料，在畜牧业发展水平较低的阶段，玉米产量并不是很大，1978年在消费中的比重为14.13%，但伴随畜牧业的快速发展，玉米消费量迅速提高，2012年这一比重达到33.05%。已经超过稻谷，大豆的地位也发生了显著变化，1978年在消费中所占比重为1.54%，到2012年提高到11.13%。

现如今，我们都有这样的饮食体验：一日三餐中，米饭馒头等主食吃得越来越少，尤其是不少爱美减肥的女士，更是干脆不吃主食，只吃蔬菜、水果。的确，当今时代，物质极大丰富，食物种类繁多，人们的饮食结构不断发生变化，人们更加注重膳食营养均衡，蔬菜、肉类、牛奶、水果等各种食物都吃一点，就饱了，主食摄入量自然就减少了。另外，很多人都认为主食营养有限，还容易长胖，于是就选择只吃菜不吃主食。

这不禁让人想起 20 世纪八九十年代，我们国家整体还不富裕的时候。那时候，餐桌上的菜品普遍单调，在农村，饭桌上最常出现的是腌咸菜、豆瓣酱，偶尔炒上一盘青菜或肉菜，大人会对虎视眈眈的孩子说，"要多吃饭，少吃菜，菜是用来下饭的。"对于北方长大的孩子而言，馒头蘸白糖、蘸蒜汁、蘸芝麻酱吃，大概是世间的美味吧。

不管怎样，改革开放之后长大的一代总归是能吃饱的。不管是大米还是馒头面条，填饱肚子总是不成问题。改革开放前的人们就没那么幸运了，11 亿人口中有两三亿人吃不饱饭。不少农村人的记忆是，一年到头吃红薯，以至于很多人后来看见红薯胃里就泛酸水，日子好了之后，再也不愿碰红薯了。那时，高粱米、糠团子是饭席上的常客，细米白面只有逢年过节才能见到影儿，能吃口细粮实在是种奢侈。

有种现象，越是没有吃的，人们的饭量越是大得惊人。过去有种海碗，脸盘一般大，壮劳力们吃饭都得用大海碗盛。现在很难见到那种碗了，也很少再见到有那么大饭量的人了。主要是干活儿的人体力劳动强度大、能量消耗大，需要补给得多。另外，过去人们的饭里肚里油水少，不挡饥，现在油水大，饭量自然也就小了。

说回到现代人，少吃甚至不吃主食，这对人体好吗？最终人们可以远离主食、拒绝主食吗？

应该说，主食是不可替代的。

粮食的主要成分是淀粉，淀粉经过消化被分解成是由碳、氢、氧三种元素组成的碳水化合物。碳水化合物是人体必需的营养素之一，主要是供给热能，是人体能量的主要来源，在人体生命活动中有着不可替代的重要生理功能。人体生命活动中所需的能量，大部分由碳水化合物提供。

粮食不仅可以满足我们人体的基本需求，还可以预防和辅助治疗很多疾病。主食摄入不足会带来很多健康障碍，乃至各种疾病也会接踵而来，比如孩子体重停止增长、容易使人脑力疲劳、诱发老年痴呆等。我们应该毫不犹豫地确立粮食在膳食结构中的主食地位，充分发挥粮食在人体生命活动中的积极作用，提高人体抗病能力。

我国古今医家都主张"五谷为养"的原则。主食应是人一天当中摄

粮食的分量——沉甸甸的压舱石

入量最大的食物类别，它们的营养质量对于人一天当中的营养供应也最为重要。每顿饭，要有足够的主食，以确保充足能量。没有能量的保护，蛋白质等营养素会被白白消耗掉。吃饭要吃主食，也就是说吃饭要吃粮食。对于一般的成年人来说，每天摄入 250～500 克主食就可维持机体的需要。

另外，粮食是含淀粉多的食物，含钠量非常少，比较"清淡"。这种清淡的主食，配上味道丰富的菜肴，恰好能够为人体提供均衡的营养。中国的饮食特点，就是用清淡的主食搭配味道丰富的菜肴。如果该清淡的主食不清淡，就不能很好地发挥它固有的营养作用，甚至适得其反。

总之，健康合理的主食摄入可以保证人体的正常生理代谢，使人体更健康，可以提高身体免疫力，减少疾病的发生。也就是说，主食摄入减少是社会发展的必然趋势，可以少吃，但绝对不能不吃。

（三）

"天育物有时，地生财有限"。相比自然，人类实在渺小，每一粒不起眼的粮食背后是大自然对我们的恩赐，是劳动人民辛勤汗水的流淌。粮食关乎国计民生，是国家安全的重要基石，厉行节约、反对浪费不仅是对社会资源的珍视，更是对他人劳动的尊重。

勤俭不是吃苦，而是让我们珍惜有限的资源。不要等到饥肠辘辘，有钱买不到粮时，才想起食物的可贵，知道对天地自然的敬畏。勤俭节约，未有不兴；骄奢倦怠，未有不败。从今天起，珍惜每一粒粮食，是美德，是敬畏，更是社会文明的体现。

抵制不良风气、力戒奢靡之风，树立珍惜粮食、敬畏食物的理念，营造崇尚节约、杜绝浪费的氛围，成为建设健康中国的紧迫课题。

珍惜粮食，是敬畏自然的体现。自古以来，中华民族就有天人合一的思想。面对大自然，中国人心中有一种敬畏感和亲近感，视天地为衣食父母，这是一种极高的生存智慧。古人云，"天地之大德曰生。"大自然赐予了人类繁衍生息的物质条件，农耕文明孕育了自强不息的中华民族。但是，地球的资源总量是有限的，如果无度索取和浪费资源，必然破坏人类生存的根基。唯有坚持人与自然和谐共生，人类才能可持续发展。我国是

第五章　腹饱莫忘有饥饿

一个自然灾害频发的国家，如果不能居安思危，难免会有后顾之忧。唯有丰年不忘饥馑，珍惜每一粒粮食，方可有备无患，心中不慌。

珍惜粮食，是尊重劳动的体现。人种粮，粮养人。一粒种子，经过春生、夏长、秋收、冬藏，最终变成口粮。任何一个环节，都需要付出心血和汗水。"锄禾日当午，汗滴禾下土"，就是农民辛勤劳作的真实写照。勤劳，是中华民族的优良品质；节俭，是中华民族的传统美德。勤劳，让中国人"粮满仓"；节俭，让中国人"食有余"。今天，我们虽然告别了粮食短缺的历史，但即便粮食连年丰收，也不能随意糟蹋粮食。珍惜粮食，就是体恤人力、尊重劳动。"一粥一饭，当思来之不易；半丝半缕，恒念物力维艰。"朴素的古训，蕴含着中华民族生生不息的"密码"。

珍惜粮食，是良好家风的体现。勤俭持家，历来是中国人的传统美德。惜粮就是惜福。一个家庭，无论多么富裕，都不能糟蹋粮食。"谁知盘中餐，粒粒皆辛苦"，古人常常把餐桌当成教化子女、传承家风的课堂，一粥一饭就是最生动的教材。当家长常常把掉在桌上的米粒捡起放进碗里时，孩子的心里慢慢就会升起对食物的敬畏之心，从而养成节约粮食的习惯。良好家风代代相传，成为中华民族的宝贵精神财富。

珍惜粮食，是珍爱生命的体现。粮食，乃人类生存的必需品。一日三餐，柴米油盐，是百姓生活的头等大事。中华饮食文化源远流长，其核心是敬畏食物、尊重食物，而不是浪费食物、炫耀食物。合理膳食，是维护生命健康的基础。一个珍惜粮食的人，自然也会珍爱生命、崇尚健康。近年来，随着社会物质财富的增加，滥饮滥食、奢侈浪费等现象触目惊心，由此导致超重和肥胖人数日益增加，成为一个严重的公共卫生问题。因此，树立正确的健康观和饮食观，不暴饮暴食，不铺张浪费，不讲求奢华，用健康"新食尚"取代庸俗"吃播秀"，是提升全民健康素养的重要手段。

食物，是用来维持生命和享受生活的，不是用来浪费和炫耀的。珍惜粮食、敬畏食物、合理膳食，共建健康中国，共享美好生活。

我们必须行动起来，坚决杜绝"舌尖上的浪费"。要在全社会形成科学理性的食物消费文化；要加大对新一代年轻人的教育，针对部分学校存在食物浪费和学生节俭意识缺乏的问题，切实加强引导和管理，对培养学

粮食的分量——沉甸甸的压舱石

生勤俭节约良好美德等提出明确要求,让他们更多接触农业劳动,参与农事活动,感受粮食的来之不易。

各国促进节约食品的做法

荷兰:"魔盒"模式受商家青睐

在荷兰乌特勒支大学就读的埃里克·弗兰斯曼,每天都会定时浏览一下手机上的应用软件"别浪费"。打开该软件,可以看到哪家面包店、餐厅、超市甚至酒店出售"魔盒"。"魔盒"其实是一个装有食物的封闭包装盒,里面可能是咖啡、面包、乳制品、蔬菜或其他已经做好的饭菜。由于消费者在下单时不知道盒子里装的是什么食物,因此取名"魔盒"。

"魔盒"里的食物都是商家当天没有卖完但仍然可以安全食用的商品,价格通常在3~5欧元,只有原价的1/3,甚至更低。"我经常通过这个软件购买食物,虽然取货时间通常在正常饭点之后,但价格低廉。"弗兰斯曼说,这款低价购买食物的软件在大学里很受欢迎。

乔斯特·里特维尔德是"魔盒"销售活动的发起人,他对记者说,"之所以发起这项颇有创意的销售活动,主要是为了和食物浪费作斗争。从田间到餐桌,每个环节都存在粮食浪费现象。我们浪费的不仅仅是食物,也在浪费生产食物的自然资源和能源。被扔掉的食物对环境也非常有害,全球二氧化碳排放量约8%与食物垃圾有着直接关系。"

意大利:剩余食物回收率达23%以上

意大利将每年的2月5日定为"全国反对食物浪费日",并在2016年通过了《反食品浪费法》,力图减少在食品生产、加工、分配、消费等整个链条上产生的浪费。根据2020年的最新数据,自这项法律出台以来,意大利剩余食物的回收率已经达到23%以上,在欧洲国家中名列前茅。很多社团邀请超市、面包店和餐厅参与,发动民间力量把回收的食物分享给慈善食堂或生活艰难的人们。意大利农业联合会理事长玛丽亚·基亚拉·加达认为,这项"绿色新政"具有开创性,它有利于增强人们的环保意识,并应对社会不平等现象。

新加坡:政府发动加社会发力

2015年11月,新加坡环境局启动了减少食物浪费推广计划,通过在网站、电视和报纸等媒介和社区等渠道宣传节约粮食倡议，鼓励公众养成合理购买、储存和制作食物的习惯。新加坡政府通过向食品零售机构、超市和食品生产厂商发布减少食品浪费的指南，降低食品在供应链中的浪费。政府还与学校合作，通过提供教育资源，如海报、工具包、视频、游戏和演示材料等，向学生普及节约粮食的重要性。

近年来，越来越多的新加坡非政府机构也开始关注食物浪费问题。成立于 2003 年的"善粮社"，旨在帮扶社会中缺少食物的弱势群体。"善粮社"发起的"空盘零剩食"活动鼓励公众在用餐时吃多少点多少，这个活动逐步扩大推广规模，在学校的基础上，将小贩中心（熟食市场）纳入其中。慈善机构新加坡食品银行则大力推动商家和民众把他们不需要但未开封、未过期的食品捐出来，提供给有需要的人。在过去 6 年中，新加坡食品银行"挽救"的食物从每年 2 吨提高至每年 550 吨。

日本：立法推动减少食品浪费

日本国土面积小，山地丘陵多，平原耕地少。日本农林水产省 2020 年 8 月发布的数据显示，日本 2019 年度食品自给率为 38%。

为了减少食物浪费，日本政府注重从立法着手。2001 年，日本实施《食品循环法》，要求食品生产企业减少废弃物排放，尽可能进行循环再利用。2019 年 10 月，日本实施《食物浪费削减推进法》，规定政府有责任推进避免食物浪费的相关政策，并要求从食品生产到消费等各环节减少浪费。

针对不少民众在宴会、聚餐中忙于聊天应酬而顾不上用餐，结果导致很多饭菜浪费的现象，日本长野县松本市政府发起了一场"3010 活动"：希望大家在聚餐开始后的 30 分钟内专心用餐、不要离席，并在聚餐结束前 10 分钟再次回到自己座位，将食物吃完。松本市政府还呼吁民众在家也开展"3010 活动"，即每月的 30 日积极利用冰箱里临近保质期的蔬菜、肉类等烹制菜肴，每月的 10 日与孩子们一起利用一些可食用但经常被扔掉的蔬菜茎秆和外皮来烹饪食品。"3010 活动"在当地取得了良好效果，松本市食物浪费现象显著减少。

（摘编自《人民日报》，2020 年 09 月 01 日第 18 版）

北京市发布《"制止餐饮浪费 践行光盘行动"指引》

(北京市商务局2020年9月18日发布)

2020年9月,北京市举行"制止餐饮浪费 践行光盘行动"专项宣传引导活动推进会,发布了包含9个分场景在内的《"制止餐饮浪费 践行光盘行动"指引》,要点如下:

1. 社会餐饮门店

《指引》提出,连锁餐饮企业尽量采用中央厨房半成品统一配送,减少门店加工环节,降低产品损益;包厢原则上不设置最低消费,避免强制顾客消费指定套餐。有条件的餐饮门店在包厢服务过程中可主动帮助顾客分餐。

《指引》针对婚宴、寿宴、生日宴等宴席宴会明确要求:餐饮企业应根据预订需求,对每个宴席套餐提出用餐人数建议,合理安排餐台数量和比例;提倡"N+备用桌数"预订机制,允许顾客将未使用的预订桌数免费改期使用。商务宴请应提示宴请单位或个人根据宴请人数合理安排用餐形式、用餐标准、餐品种类和数量。

2. 机关食堂

《指引》提出,食堂餐厅应有"光盘行动"劝导员和"垃圾分类"监督员,引导用餐人员按照厨余垃圾分类要求倾倒餐后剩余物。根据用餐人数规律和季节特点科学制定食谱和采购计划,按需采购食材,精准备货。

《指引》明确提出,把握出餐规律,计口下粮,少炒勤加,防止供大于需造成浪费。同时,实施标准化生产,面食分量适中,方便食取。此外,严格执行公务接待和会议培训用餐标准,提倡自助餐,杜绝铺张浪费。

3. 高校食堂

《指引》提出,推行按需定量、按量计价和半份菜、小份菜、增加"套餐"选择等供餐服务模式,实现师生按需取餐和餐饮多样化消费供给。同时,加强对用餐人数的分析和预估,实施动态管理,做到按用餐人数做餐、配餐。

4. 医院食堂

《指引》明确，鼓励净菜入院和半成品统一配送，减少食堂后厨加工环节，降低产品损耗。同时，落实"健康北京""三减三健"（减油、减盐、减糖、健康骨骼、健康体重、健康口腔）要求，研制营养均衡菜品，根据病患需要科学搭配食谱。医院食堂不过量提供一次性餐具。

5. 中小学校食堂

《指引》提出，要加强食堂精细化管理，利用智慧餐饮、大数据分析、问卷调查等技术方式，精准研发适合师生营养需求和口味特点的菜品，合理开发多种规格和分量的餐品，积极推行按需定量、按量计价和半份菜、小份菜、增加"套餐"选择等供餐服务模式。

6. 集体用餐配送单位

鼓励采取桶餐形式供餐，提供小分量主食，做到按需分配、避免浪费。"光盘行动"劝导员应提醒就餐人员按需取餐、勤拿少取，鼓励不剩餐、不浪费。同时，定期自查"光盘行动"落实情况，建立巡查制度，开展检查督导。

7. 乡村民宿

《指引》提出，加强成本核算管理，应充分挖掘食材原辅料的可食用、可利用价值，尽量一物多用、综合利用食材原辅料，提高食材原辅料、边角料的出成率，最大限度减少后厨厨余垃圾。提倡对消费者餐后体验进行调研以及对厨余垃圾进行追踪分析，对剩餐较多的餐品及时改进烹制工艺，努力提供体现季节特征、乡土特色、美味可口、营养健康的餐品。

8. 星级饭店

《指引》对星级饭店提供的小份菜或者半份菜的数量提出明确要求：提供正餐服务的，其小份菜或半份菜、小分量主食，应不少于菜单所列餐品总量或实际提供餐品总量的40%。此外，商务宴请应提示宴请单位根据宴请人数合理安排用餐形式、用餐标准、餐品种类和数量。同时，倡导推广使用公筷公勺，提醒消费者杜绝剩餐，如有剩餐，倡导为消费者提供可降解的环保餐盒、餐袋和减量化打包服务。

9. 驻京办事处

《指引》提出，原产地食材尽量采购初加工品或半成品，减少办事处加工环节，降低产品损耗。对外营业的包厢原则上不设置最低消费，避免强制顾客消费指定套餐。公务接待和会议培训严格执行接待标准和用餐标准，合理安排餐品种类和数量。各驻京办事处要指导本地区驻京联络处和其他驻京单位落实本指引。

附录一

中华人民共和国反食品浪费法

(2021年4月29日第十三届全国人民代表大会
常务委员会第二十八次会议通过)

第一条 为了防止食品浪费，保障国家粮食安全，弘扬中华民族传统美德，践行社会主义核心价值观，节约资源，保护环境，促进经济社会可持续发展，根据宪法，制定本法。

第二条 本法所称食品，是指《中华人民共和国食品安全法》规定的食品，包括各种供人食用或者饮用的食物。

本法所称食品浪费，是指对可安全食用或者饮用的食品未能按照其功能目的合理利用，包括废弃、因不合理利用导致食品数量减少或者质量下降等。

第三条 国家厉行节约，反对浪费。

国家坚持多措并举、精准施策、科学管理、社会共治的原则，采取技术上可行、经济上合理的措施防止和减少食品浪费。

国家倡导文明、健康、节约资源、保护环境的消费方式，提倡简约适度、绿色低碳的生活方式。

第四条 各级人民政府应当加强对反食品浪费工作的领导，确定反食品浪费目标任务，建立健全反食品浪费工作机制，组织对食品浪费情况进行监测、调查、分析和评估，加强监督管理，推进反食品浪费工作。

县级以上地方人民政府应当每年向社会公布反食品浪费情况，提出加强反食品浪费措施，持续推动全社会反食品浪费。

第五条 国务院发展改革部门应当加强对全国反食品浪费工作的组织协调；会同国务院有关部门每年分析评估食品浪费情况，整体部署反食品浪费工作，提出相关工作措施和意见，由各有关部门落实。

国务院商务主管部门应当加强对餐饮行业的管理，建立健全行业标准、服务规范；会同国务院市场监督管理部门等建立餐饮行业反食品浪费制度规范，采取措施鼓励餐饮服务经营者提供分餐服务、向社会公开其反食品浪费情况。

国务院市场监督管理部门应当加强对食品生产经营者反食品浪费情况的监督，督促食品生产经营者落实反食品浪费措施。

国家粮食和物资储备部门应当加强粮食仓储流通过程中的节粮减损管理，会同国务院有关部门组织实施粮食储存、运输、加工标准。

国务院有关部门依照本法和国务院规定的职责，采取措施开展反食品浪费工作。

第六条 机关、人民团体、国有企业事业单位应当按照国家有关规定，细化完善公务接待、会议、培训等公务活动用餐规范，加强管理，带头厉行节约，反对浪费。

公务活动需要安排用餐的，应当根据实际情况，节俭安排用餐数量、形式，不得超过规定的标准。

第七条 餐饮服务经营者应当采取下列措施，防止食品浪费：

（一）建立健全食品采购、储存、加工管理制度，加强服务人员职业培训，将珍惜粮食、反对浪费纳入培训内容；

（二）主动对消费者进行防止食品浪费提示提醒，在醒目位置张贴或者摆放反食品浪费标识，或者由服务人员提示说明，引导消费者按需适量点餐；

（三）提升餐饮供给质量，按照标准规范制作食品，合理确定数量、分量，提供小份餐等不同规格选择；

（四）提供团体用餐服务的，应当将防止食品浪费理念纳入菜单设计，按照用餐人数合理配置菜品、主食；

（五）提供自助餐服务的，应当主动告知消费规则和防止食品浪费要求，提供不同规格餐具，提醒消费者适量取餐。

餐饮服务经营者不得诱导、误导消费者超量点餐。

餐饮服务经营者可以通过在菜单上标注食品分量、规格、建议消费人数等方式充实菜单信息，为消费者提供点餐提示，根据消费者需要提供公勺公筷和打包服务。

餐饮服务经营者可以对参与"光盘行动"的消费者给予奖励；也可以

对造成明显浪费的消费者收取处理厨余垃圾的相应费用，收费标准应当明示。

餐饮服务经营者可以运用信息化手段分析用餐需求，通过建设中央厨房、配送中心等措施，对食品采购、运输、储存、加工等进行科学管理。

第八条 设有食堂的单位应当建立健全食堂用餐管理制度，制定、实施防止食品浪费措施，加强宣传教育，增强反食品浪费意识。

单位食堂应当加强食品采购、储存、加工动态管理，根据用餐人数采购、做餐、配餐，提高原材料利用率和烹饪水平，按照健康、经济、规范的原则提供饮食，注重饮食平衡。

单位食堂应当改进供餐方式，在醒目位置张贴或者摆放反食品浪费标识，引导用餐人员适量点餐、取餐；对有浪费行为的，应当及时予以提醒、纠正。

第九条 学校应当对用餐人员数量、结构进行监测、分析和评估，加强学校食堂餐饮服务管理；选择校外供餐单位的，应当建立健全引进和退出机制，择优选择。

学校食堂、校外供餐单位应当加强精细化管理，按需供餐，改进供餐方式，科学营养配餐，丰富不同规格配餐和口味选择，定期听取用餐人员意见，保证菜品、主食质量。

第十条 餐饮外卖平台应当以显著方式提示消费者适量点餐。餐饮服务经营者通过餐饮外卖平台提供服务的，应当在平台页面上向消费者提供食品分量、规格或者建议消费人数等信息。

第十一条 旅游经营者应当引导旅游者文明、健康用餐。旅行社及导游应当合理安排团队用餐，提醒旅游者适量点餐、取餐。有关行业应当将旅游经营者反食品浪费工作情况纳入相关质量标准等级评定指标。

第十二条 超市、商场等食品经营者应当对其经营的食品加强日常检查，对临近保质期的食品分类管理，作特别标示或者集中陈列出售。

第十三条 各级人民政府及其有关部门应当采取措施，反对铺张浪费，鼓励和推动文明、节俭举办活动，形成浪费可耻、节约为荣的氛围。

婚丧嫁娶、朋友和家庭聚会、商务活动等需要用餐的，组织者、参加者应当适度备餐、点餐，文明、健康用餐。

第十四条 个人应当树立文明、健康、理性、绿色的消费理念，外出就餐时根据个人健康状况、饮食习惯和用餐需求合理点餐、取餐。

家庭及成员在家庭生活中，应当培养形成科学健康、物尽其用、防止浪费的良好习惯，按照日常生活实际需要采购、储存和制作食品。

第十五条 国家完善粮食和其他食用农产品的生产、储存、运输、加工标准，推广使用新技术、新工艺、新设备，引导适度加工和综合利用，降低损耗。

食品生产经营者应当采取措施，改善食品储存、运输、加工条件，防止食品变质，降低储存、运输中的损耗；提高食品加工利用率，避免过度加工和过量使用原材料。

第十六条 制定和修改有关国家标准、行业标准和地方标准，应当将防止食品浪费作为重要考虑因素，在保证食品安全的前提下，最大程度防止浪费。

食品保质期应当科学合理设置，显著标注，容易辨识。

第十七条 各级人民政府及其有关部门应当建立反食品浪费监督检查机制，对发现的食品浪费问题及时督促整改。

食品生产经营者在食品生产经营过程中严重浪费食品的，县级以上地方人民政府市场监督管理、商务等部门可以对其法定代表人或者主要负责人进行约谈。被约谈的食品生产经营者应当立即整改。

第十八条 机关事务管理部门会同有关部门建立机关食堂反食品浪费工作成效评估和通报制度，将反食品浪费纳入公共机构节约能源资源考核和节约型机关创建活动内容。

第十九条 食品、餐饮行业协会等应当加强行业自律，依法制定、实施反食品浪费等相关团体标准和行业自律规范，宣传、普及防止食品浪费知识，推广先进典型，引导会员自觉开展反食品浪费活动，对有浪费行为的会员采取必要的自律措施。

食品、餐饮行业协会等应当开展食品浪费监测，加强分析评估，每年向社会公布有关反食品浪费情况及监测评估结果，为国家机关制定法律、法规、政策、标准和开展有关问题研究提供支持，接受社会监督。

消费者协会和其他消费者组织应当对消费者加强饮食消费教育，引导形成自觉抵制浪费的消费习惯。

第二十条 机关、人民团体、社会组织、企业事业单位和基层群众性自治组织应当将厉行节约、反对浪费作为群众性精神文明创建活动内容，纳入相关创建测评体系和各地市民公约、村规民约、行业规范等，加强反食品浪费宣传教育和科学普及，推动开展"光盘行动"，倡导文明、健康、科学的饮食文化，增强公众反食品浪费意识。

县级以上人民政府及其有关部门应当持续组织开展反食品浪费宣传教育，并将反食品浪费作为全国粮食安全宣传周的重要内容。

第二十一条 教育行政部门应当指导、督促学校加强反食品浪费教育和管理。

学校应当按照规定开展国情教育，将厉行节约、反对浪费纳入教育教学内容，通过学习实践、体验劳动等形式，开展反食品浪费专题教育活动，培养学生形成勤俭节约、珍惜粮食的习惯。

学校应当建立防止食品浪费的监督检查机制，制定、实施相应的奖惩措施。

第二十二条 新闻媒体应当开展反食品浪费法律、法规以及相关标准和知识的公益宣传，报道先进典型，曝光浪费现象，引导公众树立正确饮食消费观念，对食品浪费行为进行舆论监督。有关反食品浪费的宣传报道应当真实、公正。

禁止制作、发布、传播宣扬量大多吃、暴饮暴食等浪费食品的节目或者音视频信息。

网络音视频服务提供者发现用户有违反前款规定行为的，应当立即停止传输相关信息；情节严重的，应当停止提供信息服务。

第二十三条 县级以上地方人民政府民政、市场监督管理部门等建立捐赠需求对接机制，引导食品生产经营者等在保证食品安全的前提下向有关社会组织、福利机构、救助机构等组织或者个人捐赠食品。有关组织根据需要，及时接收、分发食品。

国家鼓励社会力量参与食品捐赠活动。网络信息服务提供者可以搭建平台，为食品捐赠等提供服务。

第二十四条 产生厨余垃圾的单位、家庭和个人应当依法履行厨余垃垃圾源头减量义务。

第二十五条　国家组织开展营养状况监测、营养知识普及，引导公民形成科学的饮食习惯，减少不健康饮食引起的疾病风险。

第二十六条　县级以上人民政府应当采取措施，对防止食品浪费的科学研究、技术开发等活动予以支持。

政府采购有关商品和服务，应当有利于防止食品浪费。

国家实行有利于防止食品浪费的税收政策。

第二十七条　任何单位和个人发现食品生产经营者等有食品浪费行为的，有权向有关部门和机关举报。接到举报的部门和机关应当及时依法处理。

第二十八条　违反本法规定，餐饮服务经营者未主动对消费者进行防止食品浪费提示提醒的，由县级以上地方人民政府市场监督管理部门或者县级以上地方人民政府指定的部门责令改正，给予警告。

违反本法规定，餐饮服务经营者诱导、误导消费者超量点餐造成明显浪费的，由县级以上地方人民政府市场监督管理部门或者县级以上地方人民政府指定的部门责令改正，给予警告；拒不改正的，处一千元以上一万元以下罚款。

违反本法规定，食品生产经营者在食品生产经营过程中造成严重食品浪费的，由县级以上地方人民政府市场监督管理部门或者县级以上地方人民政府指定的部门责令改正，拒不改正的，处五千元以上五万元以下罚款。

第二十九条　违反本法规定，设有食堂的单位未制定或者未实施防止食品浪费措施的，由县级以上地方人民政府指定的部门责令改正，给予警告。

第三十条　违反本法规定，广播电台、电视台、网络音视频服务提供者制作、发布、传播宣扬量大多吃、暴饮暴食等浪费食品的节目或者音视频信息的，由广播电视、网信等部门按照各自职责责令改正，给予警告；拒不改正或者情节严重的，处一万元以上十万元以下罚款，并可以责令暂停相关业务、停业整顿，对直接负责的主管人员和其他直接责任人员依法追究法律责任。

第三十一条　省、自治区、直辖市或者设区的市、自治州根据具体情况和实际需要，制定本地方反食品浪费的具体办法。

第三十二条　本法自公布之日起施行。

附录二

粮食节约行动方案

中共中央办公厅　国务院办公厅

党的十八大以来，以习近平同志为核心的党中央高度重视节粮减损工作，强调要采取综合措施降低粮食损耗浪费，坚决刹住浪费粮食的不良风气。近年来，各地区各部门认真贯彻落实党中央有关决策部署，不断加大厉行节约、反对食品浪费工作力度，取得积极成效，但浪费问题仍不容忽视，加强粮食全产业链各环节节约减损的任务繁重。为贯彻落实党的十九届五中全会关于"开展粮食节约行动"的部署要求，推动实施《中华人民共和国反食品浪费法》，制定本方案。

一、总体要求

以习近平新时代中国特色社会主义思想为指导，坚持系统治理、依法治理、长效治理，坚持党委领导、政府主导、行业引导、公众参与，突出重点领域和关键环节，强化刚性制度约束，推动粮食全产业链各环节节约减损取得实效，为加快构建更高层次、更高质量、更有效率、更可持续的国家粮食安全保障体系奠定坚实基础。

到2025年，粮食全产业链各环节节粮减损举措更加硬化实化细化，推动节粮减损取得更加明显成效，节粮减损制度体系、标准体系和监测体系基本建立，常态长效治理机制基本健全，"光盘行动"深入开展，食品浪费问题得到有效遏制，节约粮食、反对浪费在全社会蔚然成风。

二、强化农业生产环节节约减损

（一）推进农业节约用种。完善主要粮食作物品种审定标准，突出高产高效、多抗广适、低损收获的品种特性，加快选育节种宜机品种。编制推进节种减损机械研发导向目录，加大先进适用精量播种机等研发推广力度。集成推广水稻工厂化集中育秧、玉米单粒精播、小麦精量半精量播种，以及种肥同播等关键技术。

（二）减少田间地头收获损耗。着力推进粮食精细收获，强化农机、农艺、品种集成配套，提高关键技术到位率和覆盖率。制定修订水稻、玉米、小麦、大豆机收减损技术指导规范，引导农户适时择机收获。鼓励地方提升应急抢种抢收装备和应急服务供给能力。加快推广应用智能绿色高效收获机械。将农机手培训纳入高素质农民培育工程，提高机手规范操作能力。

三、加强粮食储存环节减损

（三）改善粮食产后烘干条件。将粮食烘干成套设施装备纳入农机新产品补贴试点范围，提升烘干能力。鼓励产粮大县推进环保烘干设施应用，加大绿色热源烘干设备推广力度。鼓励新型农业经营主体、粮食企业、粮食产后服务中心等为农户提供粮食烘干服务，烘干用地用电统一按农用标准管理。

（四）支持引导农户科学储粮。加强农户科学储粮技术培训和服务。开展不同规模农户储粮装具选型及示范应用。在东北地区推广农户节约简捷高效储粮装具，逐步解决"地趴粮"问题。

（五）推进仓储设施节约减损。鼓励开展绿色仓储提升行动和绿色储粮标准化试点。升级修缮老旧仓房，推进粮食仓储信息化。推动粮仓设施分类分级和规范管理，提高用仓质量和效能。

四、加强粮食运输环节减损保障

（六）完善运输基础设施和装备。建设铁路专用线、专用码头、散粮中转及配套设施，减少运输环节粮食损耗。推广粮食专用散装运输车、铁路散粮车、散装运输船、敞顶集装箱、港口专用装卸机械和回收设备。加强港口集疏运体系建设，发展粮食集装箱公铁水多式联运。

（七）健全农村粮食物流服务网络。结合"四好农村路"建设，完善农村交通运输网络，提升粮食运输服务水平。

（八）开展物流标准化示范。发展规范化、标准化、信息化散粮运输服务体系，探索应用粮食高效减损物流模式，推动散粮运输设备无缝对接。在"北粮南运"重点线路、关键节点，开展多式联运高效物流衔接技术示范。

五、加快推进粮食加工环节节粮减损

（九）提高粮油加工转化率。制定修订小麦粉等口粮、食用油加工标准，完善适度加工标准，合理确定加工精度等指标，引导消费者逐步走出过度追求"精米白面"的饮食误区，提高粮油出品率。提升粮食加工行业数字化管理水平。推进面粉加工设备智能化改造，推广低温升碾米设备，鼓励应用柔性大米加工设备，引导油料油脂适度加工。发展全谷物产业，启动"国家全谷物行动计划"。创新食品加工配送模式，支持餐饮单位充分利用中央厨房，加快主食配送中心和冷链配套体系建设。

（十）加强饲料粮减量替代。推广猪鸡饲料中玉米、豆粕减量替代技术，充分挖掘利用杂粮、杂粕、粮食加工副产物等替代资源。改进制油工艺，提高杂粕质量。完善国家饲料原料营养价值数据库，引导饲料企业建立多元化饲料配方结构，推广饲料精准配方技术和精准配制工艺。加快推广低蛋白日粮技术，提高蛋白饲料利用效率，降低豆粕添加比例。增加优质饲草供应，降低牛羊养殖中精饲料用量。

（十一）加强粮食资源综合利用。有效利用米糠、麸皮、胚芽、油料粕、薯渣薯液等粮油加工副产物，生产食用产品、功能物质及工业制品。对以粮食为原料的生物质能源加工业发展进行调控。

六、坚决遏制餐饮消费环节浪费

（十二）加强餐饮行业经营行为管理。完善餐饮行业反食品浪费制度，健全行业标准、服务规范。鼓励引导餐饮服务经营者主动提示消费者适量点餐，主动提供"小份菜"、"小份饭"等服务，在菜单或网络餐饮服务平台的展示页面上向消费者提供食品分量、规格或者建议消费人数等信息。充分发挥媒体、消费者等社会监督作用，鼓励通过服务热线反映举报餐饮服务经营者浪费行为。对餐饮服务经营者食品浪费违法行为，依法严肃查处。

（十三）落实单位食堂反食品浪费管理责任。单位食堂要加强食品采购、储存、加工动态管理，推行荤素搭配、少油少盐等健康饮食方式，制定实施防止食品浪费措施。鼓励采取预约用餐、按量配餐、小份供餐、按需补餐等方式，科学采购和使用食材。抓好机关食堂用餐节约，实施机关食堂反食品浪费工作成效评估和通报制度。开展单位食堂检查，纠正浪费行为。

（十四）加强公务活动用餐节约。各级党政机关、国有企事业单位要落实中央八项规定及其实施细则精神，切实加强公务接待、会议、培训等公务活动用餐管理。按照健康、节约要求，科学合理安排饭菜数量，原则上实行自助餐。严禁以会议、培训等名义组织宴请或大吃大喝。

（十五）建立健全学校餐饮节约管理长效机制。强化学校就餐现场管理，加大就餐检查力度，落实中小学、幼儿园集中用餐陪餐制度。加强家校合作，强化家庭教育，培养学生勤俭节约、杜绝浪费的良好饮食习惯。广泛开展劳动教育，积极组织多种形式的粮食节约实践教育活动。

（十六）减少家庭和个人食品浪费。加强公众营养膳食科普知识宣传，倡导营养均衡、科学文明的饮食习惯，鼓励家庭科学制定膳食计划，按需采买食品，充分利用食材。提倡采用小分量、多样化、营养搭配的烹饪方式。

（十七）推进厨余垃圾资源化利用。指导地方建立厨余垃圾收集、投放、运输、处理体系，推动源头减量。通过中央预算内投资、企业发行绿色债券等方式，支持厨余垃圾资源化利用和无害化处理，引导社会资本积极参与。做好厨余垃圾分类收集。探索推进餐桌剩余食物饲料化利用。

七、大力推进节粮减损科技创新

（十八）强化粮食生产技术支撑。推动气吸排种、低损喂入、高效清选、作业监测等播种收获环节关键共性技术研发。突破地形匹配技术，研发与丘陵山区农业生产模式配套的先进适用技术装备，抓好关键零部件精密制造，减少丘陵山区粮食机械收获损耗。加强对倒伏等受灾作物收获机械的研发。引导企业开展粮食高效低损收获机械攻关，优化割台、脱粒、分离、清选能力。

（十九）推进储运减损关键技术提质升级。发展安全低温高效节能储粮智能化技术。提升仓储虫霉防控水平，研制新药剂。推广粮食安全储藏新仓型，推进横向通风储粮技术等应用。研发移动式烘干设备，加快试验验证。研究运输工具标准化技术，开发散粮多式联运衔接和接卸技术装备、粮食防分级防破碎入仓装置和设备。

（二十）提升粮食加工技术与装备研发水平。发展全谷物原料质量稳定控制、食用品质改良、活性保持等技术，开发营养保全型全谷物食品。研究原粮增值加工等关键技术，发展杂粮食品生产品质控制、营养均衡调配、生物加工等关键技术。布局以粮食加工为主导产业的国家农业高新技术产业示范区，推动产业向高端化、智能化、绿色化转变，提升副产物利用技术水平。

八、加强节粮减损宣传教育引导

（二十一）开展节粮减损文明创建。把节粮减损要求融入市民公约、村规民约、行业规范等，推进粮食节约宣传教育进机关、进学校、进企业、进社区、进农村、进家庭、进军营。将文明餐桌、"光盘行动"等要求纳入文明城市、文明村镇、文明单位、文明家庭、文明校园创建内容，切实发挥各类创建的导向和示范作用。

（二十二）强化节粮舆论宣传。深入宣传阐释节粮减损法律法规、政策措施，普及节粮减损技术和相关知识。深化公益宣传，精心制作播出节约粮食、反对浪费公益广告。在用餐场所明显位置张贴宣传标语或宣传画，增强反食品浪费意识。充分利用世界粮食日和全国粮食安全宣传周等重要时间节点，广泛宣传报道节粮减损经验做法和典型事例。加强粮食安全舆情监测，主动回应社会关切。做好舆论监督，对粮食浪费行为进行曝光。禁止制作、发布、传播宣扬暴饮暴食等浪费行为的节目或者音视频信息。

（二十三）持续推进移风易俗。倡导文明节俭办婚丧，鼓励城乡居民"婚事新办、丧事简办、余事不办"，严格控制酒席规模和标准，遏制大操大办、铺张浪费。

（二十四）开展国际节粮减损合作。积极参加联合国粮食系统峰会、减少食物浪费全球行动等活动，向国际社会分享粮食减损经验。推动多双边渠道开展节粮减损的联合研究、技术示范和人员培训等合作交流。推动国际粮食减损大会机制化。

九、强化保障措施

（二十五）加强组织领导。各地区各部门要站在保障国家粮食安全的高度，切实增强做好节粮减损工作的责任感和紧迫感，将节粮减损工作纳入粮食安全责任制考核，坚持党政同责，压实工作责任。各牵头部门要结合自身职责，紧盯粮食全产业链各环节，提出年度节粮减损目标任务和落实措施。各有关部门要结合自身职责，密切配合、主动作为、形成合力，确保节粮减损工作取得扎实成效。

（二十六）完善制度标准。强化依法管粮节粮，全面落实《中华人民共和国反食品浪费法》，制定粮食安全保障法。完善相关配套制度，加快建立符合节粮减损要求的粮食全产业链标准，制定促进粮食节约的国家标准和行业标准。行业协会要制定发布全链条减损降耗的团体标准，对不执行团体标准、造成粮食过度损耗的企业和行为按规定进行严格约束。

（二十七）建立调查评估机制。探索粮食损失浪费调查评估方法，建立粮食损失浪费评价标准。研究建立全链条粮食损失浪费评估指标体系，定期开展数据汇总和分析评估。开展食品浪费统计研究。

（二十八）加强监督管理。研究建立减少粮食损耗浪费的成效评估、通报、奖惩制度。建立部门监管、行业自律、社会监督等相结合的监管体系，综合运用自查、抽查、核查等方式，持续开展常态化监管。

（据 2021 年 10 月 31 日新华社电）

附录三

中央农办负责人就《粮食节约行动方案》答记者问

（2021年10月31日）

近日，《粮食节约行动方案》（以下简称"《方案》"）公开发布，中央农办负责人就有关情况回答了记者提问。

问：《方案》出台有何背景和意义？

答：党的十八大以来，以习近平同志为核心的党中央高度重视节粮减损工作，强调要采取综合措施降低粮食损耗浪费，坚决刹住浪费粮食的不良风气。习近平总书记多次对推进节粮减损、制止餐饮浪费行为作出重要指示批示，指出"餐饮浪费现象，触目惊心、令人痛心！"，强调"要加强立法，强化监管，采取有效措施，建立长效机制，坚决制止餐饮浪费行为"。近年来，各地区各部门不断加大厉行节约、反对食品浪费工作力度，取得积极成效。但要看到我国是世界上最大的粮食生产国和消费国，全产业链节粮减损的任务仍相当繁重，空间还很大。

尽管我国粮食生产连年丰收，但对粮食安全还是始终要有危机意识。当前，我国粮食需求刚性增长，资源环境约束日益趋紧，粮食增面积、提产量的难度越来越大。全球新冠肺炎疫情持续蔓延，气候变化影响日益加剧，保障粮食供应链稳定难度加大，全球濒临严重粮食危机。在这样的严峻形势下，开展粮食节约行动，减少粮食损失浪费，具有重大意义。一是节粮减损有助于稳产保供，强化粮食安全。据联合国粮农组织统计，每年全球粮食从生产到零售全环节损失约占世界粮食产量的14%。这个损失降低1个百分点，就相当于增产2700多万吨粮食，够7000万人吃一年。《方案》聚焦全链条多环节开展节粮减损行动，相当于增加了粮食有效供

粮食的分量——沉甸甸的压舱石

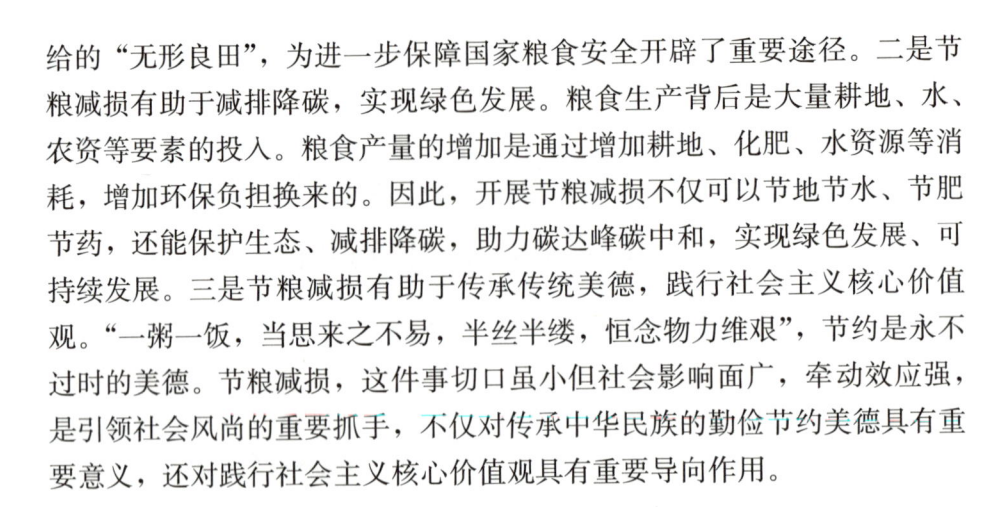

给的"无形良田",为进一步保障国家粮食安全开辟了重要途径。二是节粮减损有助于减排降碳,实现绿色发展。粮食生产背后是大量耕地、水、农资等要素的投入。粮食产量的增加是通过增加耕地、化肥、水资源等消耗,增加环保负担换来的。因此,开展节粮减损不仅可以节地节水、节肥节药,还能保护生态、减排降碳,助力碳达峰碳中和,实现绿色发展、可持续发展。三是节粮减损有助于传承传统美德,践行社会主义核心价值观。"一粥一饭,当思来之不易,半丝半缕,恒念物力维艰",节约是永不过时的美德。节粮减损,这件事切口虽小但社会影响面广,牵动效应强,是引领社会风尚的重要抓手,不仅对传承中华民族的勤俭节约美德具有重要意义,还对践行社会主义核心价值观具有重要导向作用。

问:《方案》的目标要求是什么?

答:《方案》强调,以习近平新时代中国特色社会主义思想为指导,坚持系统治理、依法治理、长效治理,坚持党委领导、政府主导、行业引导、公众参与,突出重点领域和关键环节,强化刚性制度约束,推动粮食全产业链各环节节约减损取得实效,为加快构建更高层次、更高质量、更有效率、更可持续的国家粮食安全保障体系奠定坚实基础。

结合"十四五"规划目标任务,《方案》明确提出到2025年,粮食全产业链各环节节粮减损举措更加硬化实化细化,推动节粮减损取得更加明显成效,节粮减损制度体系、标准体系和监测体系基本建立,常态长效治理机制基本健全,"光盘行动"深入开展,食品浪费问题得到有效遏制,节约粮食、反对浪费在全社会蔚然成风。

问:《方案》制定了哪些创新性的措施?

答:《方案》在充分吸收中央办公厅、国务院办公厅印发的《关于厉行节约反对食品浪费的意见》和《中华人民共和国反食品浪费法》等政策法规文件精神基础上,重点强化全链条、行动感和科技创新三个方面的创新性措施。一是突出全链条,强化综合施策。瞄准粮食生产、储存、运输、加工、消费等各环节,综合施策配套衔接。从生产源头管控、储运环节减损、加工利用水平提升到餐饮消费遏制等方面作出系统安排,构建了

"产储运加消"全链条减损体系。二是突出行动感,强化执行落地。《方案》明确了节粮减损的目标,提出了一系列更加扎实的硬举措和新任务,以开展粮食节约行动的方式促进节粮减损工作落实落细落地。三是突出科技创新,强化技术减损。《方案》将"大力推进节粮减损科技创新"单独成节,从生产技术支撑、储运减损关键技术提质升级、粮食加工技术与装备研发水平提升等方面部署了更加具体、更加细化的举措,使节粮减损工作从"软要求"向"硬支撑"转变。

问:《方案》提出了哪些针对性举措?

答:《方案》重点围绕粮食生产、储存、运输、加工、消费等环节存在的损失浪费问题,提出了节粮减损的针对性举措。

生产环节。针对播种粗放、收割机械精细化程度不够、农机农艺不配套、机手操作不规范等问题,《方案》提出两个方面举措。一方面要推进农业节约用种,加快选育节种宜机品种,加大先进适用精量播种机等研发推广力度,集成推广水稻工厂化集中育秧、玉米单粒精播、小麦精量半精量播种等关键技术;另一方面要推进粮食精细收获,制定修订水稻、玉米、小麦、大豆机收减损技术指导规范,提升应急抢种抢收装备和应急服务供给能力,提高机手规范操作能力,减少田间地头收获损耗。

储存环节。针对仓储设施老化陈旧、仓容缺口大、仓储设施不足以及农户储粮损失大等问题,《方案》明确了三个方面的举措。一要改善粮食产后烘干条件,将粮食烘干成套设施装备纳入农机新产品补贴试点范围,鼓励产粮大县推进环保烘干设施应用,并鼓励新型农业经营主体、粮食企业、粮食产后服务中心等为农户提供粮食烘干服务。二要支持引导农户科学储粮,加强农户科学储粮技术培训和服务,开展不同规模、不同区域农户储粮装具选型及示范应用。三要推进仓储设施节约减损,鼓励开展绿色仓储提升行动和绿色储粮标准化试点,升级修缮老旧仓房,推动粮仓设施分类分级和规范管理等。

运输环节。针对专业化粮食运输车辆装备应用不足、标准化运输程度不高、抛洒遗漏等问题,《方案》明确了三个方面的举措。一要完善运输基础设施和装备,建设铁路专用线、专用码头、散粮中转及配套设施,推广粮食

粮食的分量——沉甸甸的压舱石

"四散化"设备，发展粮食集装箱公铁水多式联运。二要健全农村粮食物流服务网络，完善农村交通运输网络。三要开展物流标准化示范，发展规范化、标准化、信息化散粮运输服务体系，开展多式联运高效物流衔接技术示范。

加工环节。针对粮食过度加工造成的出品率降低、营养成分损失和浪费问题，《方案》明确了三个方面的举措。一要提高粮油加工转化率，如制定修订口粮、食用油加工标准，提升粮食加工行业数字化管理水平。二要加强饲料粮减量替代。三要加强粮食资源综合利用，有效利用粮油加工副产物生产食用产品、功能物质及工业制品。

餐饮消费环节。针对商业餐饮、公共食堂和家庭饮食等领域浪费问题，《方案》从餐饮行业、单位食堂、公务活动、学校、家庭以及个人等不同环节不同主体分别进行制度规范约束、强化监督检查力度，开展消费理念引导，坚决遏制"舌尖上的浪费"。

问：有效遏制餐饮消费环节浪费应如何发力？

答：党的十八大以来，各地区各部门贯彻落实习近平总书记重要指示精神，采取出台相关文件、开展"光盘行动"等措施，大力整治浪费之风，"舌尖上的浪费"现象有所改观，公款餐饮浪费行为得到有效遏制。但是，一些地方餐饮浪费现象仍然存在，持续推进制止餐饮浪费工作仍需加强。为将消费环节减少浪费工作落实落细，巩固好遏制餐饮浪费的良好势头，《方案》在《中华人民共和国反食品浪费法》基础上，分环节有针对性地进行了具体部署。一是加强餐饮行业经营行为管理。完善餐饮行业反食品浪费制度规范，鼓励引导餐饮服务经营者主动提示消费者适量点餐，主动提供"小份菜"、"小份饭"等服务。二是落实单位食堂反食品浪费管理责任。鼓励采取预约用餐、按量配餐、小份供餐、按需补餐等方式，科学采购和使用食材。抓好机关食堂用餐节约，实施机关食堂反食品浪费工作成效评估和通报制度。三是加强公务活动用餐节约。切实加强公务接待、会议、培训等公务活动用餐管理。按照健康、节约要求，科学合理安排饭菜数量，原则上实行自助餐。四是建立健全学校餐饮节约管理长效机制。落实中小学、幼儿园集中用餐陪餐制度，培养学生勤俭节约、杜绝浪费的良好饮食习惯。五是减少家庭和个人食品浪费。加强公众营养膳食科普知识宣传，倡导营养均衡、科学文明的饮食习惯。六是推进厨余垃圾资源化利用。通过中央预算内投资、企业发行绿色债券等方式，支持厨余垃圾资源化利用和无害化处理，引导社会资本积极参与。

问：如何开展国际节粮减损合作？

答：零饥饿是世界各国人民共同的美好愿景，作为发展中国家和负责任大国，中国愿与世界各国携手同行、通力合作，努力实现2030年减少粮食损失和浪费的目标，为维护世界粮食安全作出更大贡献。2021年9月，国际粮食减损大会在山东省济南市举办，大会以"减少粮食损失浪费 促进世界粮食安全"为主题，发布了《国际粮食减损济南倡议》。本《方案》在开展国际节粮减损方面也提出具体的安排，一是积极参加联合国粮食系统峰会、减少食物浪费全球行动等活动，向国际社会分享粮食减损经验。二是推动多双边渠道开展节粮减损的联合研究、技术示范和人员培训等合作交流。三是推动国际粮食减损大会机制化。

问：如何确保节粮减损落到实处，见到成效？

答：节粮减损，重在行动。《方案》从组织领导、制度建设、评估机制、执行监管上协同发力，确保节粮减损落到实处、见到成效。一是加强组织领导。将节粮减损工作纳入粮食安全责任制考核，坚持党政同责。各牵头部门要结合自身职责，提出年度节粮减损目标任务和落实措施。二是完善制度标准。强化依法管粮节粮，全面落实《中华人民共和国反食品浪费法》，制定粮食安全保障法。构建符合节粮减损要求、促进粮食节约的粮食全产业链标准、国家标准、行业标准和团体标准。三是建立调查评估机制。探索粮食损失浪费调查评估方法，建立粮食损失浪费评价标准。研究建立全链条粮食损失浪费评估指标体系，定期开展数据汇总和分析评估。四是加强监督管理。研究建立减少粮食损耗浪费的成效评估、通报、奖惩制度。建立部门监管、行业自律、社会监督等相结合的监管体系，综合运用自查、抽查、核查等方式，持续开展常态化监管。

（农民日报记者　赵新宁）

附录四

粮食问题回忆录

1. 在日伪战乱时期，粮食比钱物更贵重。我幼年失去父亲，全家人吃粮苦

1939年3月16日，任八路军115师侦察排长的父亲徐德茂为抗日救国，在临汾石口镇战役中牺牲。

我出生于1932年五月初八（农历）。父亲牺牲时，我还是个只知道饿了就哭着向母亲要东西吃的小孩子。母亲含着满眼的泪水，老是说："老天爷，你开开恩，家里没有一点粮食，可真的活不成了……"

从记事起，我感受到的是一个可怜的家庭，在日伪军战乱中的老缺粮户。家里十多亩地，因交不起苛捐杂税，被日伪保长卖给富户耕种。

人间的幼儿成长，全靠母亲的精神父亲的势，没爹没娘没一势。我的家中，没有一点家势，在社会上遇到事情，总被人小看，一是怕借粮，二是怕借钱。

为了坚持全家人活下去，母亲一靠自己的精神意志，二靠勤劳的针线手艺，不惜一切劳累，给富户人家精工纳鞋底、纺棉花等，赎换粮食。

晚上，我睡觉醒来，总看到母亲还在纺棉花。我就说，不要纺了。母亲回答，黑夜要是不把棉花纺完，明天就拿不回来粮食，全家人就没有饭吃……

我在被窝里来回翻身，怎么也睡不着。母亲就劝我好好睡觉才能更快地长高长大，才能有力气为家庭闹粮食挑重担。

可惜，到了民国三十二年的夏秋季节，我的家乡又遭受了铺天盖地的蚂蚱吃庄稼的严重灾害。连续两年，没有粮食收益，富户人家也不让做针线活了。全家人断绝了粮食来源，走到了死亡的边缘……

在一个大雪天，家里无粮无饭，我背上一张红漆条桌到皋落街上去卖。从早上等到中午，无人要，卖不出去。周围还有卖衣物的，卖孩子的，还有卖大姑娘给人当老婆的。街上要饭的人满街跑，哭声、喊声、要饭声、叫卖声此起彼伏，还能不时看到起身往外地逃荒的。

我在街上等得心急如火，在条桌的前后跑来跑去，没有卖出的希望。但外界饥饿的喊叫与逃荒寻粮的实情，在我眼里过了一遍又一遍。我又饿又冻之际，急中生智，厚着脸皮找着一个开饭铺的熟人李小奎，说了好多求情话，才换了两个小白面蒸馍。我刚拿到手，要饭的就把一个夺走了。我急忙把另一个装到衣袋里，快速往回赶。

可是，在沿路的安子岭、前河滩等地看到了饿死、冻死、被打死（为从日伪军手里抢回自己的粮食）的一具具尸体，有的被狗啃吃的血淋淋的，十分可怕，我的心跳得老高！

我连饿带怕地回到家中，与母亲、弟弟三个人分吃一个小蒸馍，和着干野菜汤填进肚，算是熬过了这个大雪天。

这是垣曲县乃至整个华北历史上遭遇了最严重的一次蝗灾，粮食生产因此几乎绝收。我县农民到外地逃荒的，不少妇女和姑娘被贩卖，年老体弱者和孩子多被饿死……

在生死关头，母亲为求生活先叫卖家具，后叫卖窑院。卖的东西很多，换粮极少，都是以斤论碗换粮食。

每天的生活靠挖野菜为主，粮食作引，还是吃不到两天就断了粮。但是，人是要天天张口吃饭，才能保住后天之命的生存。因不断变卖家产，我家很快就变成房无片瓦，地无一垄，一贫如洗。

1943年3月3日，正当大春青黄不接的时刻。在解决粮食问题无任何出路的情况下，母亲将我继承舅父家业的八间瓦房及大院落经下坡底村李发行中间说话，卖给张福作家，换了一斗粮食，共30斤，谷麦各半。拿到粮食后，母亲和我等到天黑，乘无人之时，悄悄背回家里，连夜挖地三尺深埋，严防日伪军抢粮食的灾难。需要做饭时提前挖开取出一二斤，用小石臼窝捣烂，配野菜、树叶等煮汤，半吃半喝。那个时候，村邻称这种吃食叫保命汤、度荒饭。

这个时期的粮食，比一般财物要贵重好多倍。"家里有粮食，就是宝中宝，保住命不丢，不羡活神仙。"这就是自古以来流传"民以食为天，食以安为先""人哄地皮，地哄肚皮；人爱粮，粮养人；人离粮食饿断魂"

粮食的分量——沉甸甸的压舱石

的道理所在。

1944年2月8日，13岁的我开始跟着村邻到夏县大阳城里去担盐换粮食，顶替母亲劳累的重担。每三天一次，担回30斤盐到朱庄八路军收盐点，能挣换玉米十斤。除了担盐的本钱，还有小余额，又能往家买3个金银饼（粗细粮各半）。

第一次担盐虽说肩肿、腿疼，但我心里高兴。这下全家人有了闹粮食的小出路。因此，翻山过河路程远，没有吓住我的胆！上下20里石峪山，老朱开设起火店，天黑进店夜食宿，鸡叫上路赶时间；满身是劲紧步走，总不落在大人后；披星戴月进村庄，母亲路旁在守望；亲亲热热接家中，还有热汤端桌上，我取金饼同吃喝……心里觉得，用汗水换来的食品，全家人吃着更香甜。

从此开始，担盐能往家里换回救命的粮食。我就下定决心，扛起了金扁担。坚持担盐压出了一双"铁肩膀""钢脚板"，由肩肿腿疼到不肿不疼。担的盐重量则逐步增加到40斤、45斤、50斤。靠赶穷困闹粮食的志气，这幅担子一直挑到1946年腊月过小年。我给家里的小粮库积存了120斤小麦、160斤谷子，全家人欢天喜地过了个平安年。

1947年正月，我被选为解放区的儿童团团长，在徐家沟的村东到村西领导儿童团活动，分两路站岗放哨。白天有敌人，拉杆子倒，晚上有敌人则点火为号。我们就这样积极认真地严防敌人来搞破坏活动，配合保卫解放区农民翻身解放和粮食生产的胜利成果。

1948年3月19日，在党组织的关怀下，由杨生辉、徐从容作介绍人，我秘密地加入了中国共产党，成为一名光荣的党员。

同年7月，党支部秘密委托我接待好太岳军区李参谋和杨政委，叫他们住到我家，保吃住安全。这一重要委托，可不是小事！我坚决向支部保证：请放心，我照办！我热情地把两位首长领回家，很快由母亲做好了米琪饭，大家在同一个方桌上边吃边交谈。他们对我母亲说："大娘！你有个好儿子，人小志不小。闹粮食养全家，爱国尽责不简单呀！""全国很快就要解放了，大娘要好好支持儿子，保卫好粮食大生产，这是解放军打胜仗的需要啊。"

吃了饭后，首长坐在炕上，接着又讲战争形势。我和母亲俩人轮流替换着，或听首长谈话，或在门外放暗哨，听动向保安全，不让任何人发现。

第二天早晨，两位首长天不亮就起身，带上昨晚上我母亲精心烙好的6个白面饼子向太岳军区赶路。他们走出很远了，还向我们招手表示感谢！

2. 天地改革人心焕，三年粮食大丰产（1947—1949年）

1947年3月16日，是皋落开展土地改革运动的大喜日子！

贫下中农在二区区长张关恒、县土改干部郭金海等同志带领下，成立了农会组织。他们主持召开了大小会议，学习中国土地法大纲，边学边填土地证，逐步掀起农民大搞粮食生产的高潮。我家三口人，分到土地30亩。全村16户72口人，均分了720亩土地。

在土地按人均亩数填证发户之后，党中央号召要组织起来，搞好互助组大生产。村邻们开会讨论，选举我担任互助组组长。我感谢大家，再三要求不干却推辞不了，只好尽力诚心努力干下去。

贫下中农在翻天覆地的大变革中，由没地种粮食到有人均一样多的土地进了家，彻底翻了身，欢了心！

在大闹粮食生产的热潮中，从农家到田园，革命歌声响耳边：蒋介石大坏蛋，与民为敌打内战；他是8月的蚂蚱，蹦跶不了几天啦……

白天闹生产，晚上学识字，学政治，学文化，男女老少干劲冲天。与此同时，我结合粮食生产的农忙季节，给大家进行宣传：翻身不忘共产党，幸福不忘毛主席；互助组，力量强，三人能顶五人用；组织起来才智广，自然灾害能抵抗；卫金莲计划巧，麦积搭的长又高；顶头尖来下出沿，下雨不怕大水钻；大家同心流大汗，多打粮食援前线！

我的年纪虽然小，但有力气，一片诚心，先给别人干活，最后干自己的。

在互助大生产中，学习延安劳模吴满有，学习南泥湾开荒精神。我首先趁雨天刚晴时间，地皮软，组织全村32个男女劳力，12头牛，6套犁，先后三次用15天雨后时间，把全村在战乱中抛荒的100多亩土地全部开种，变成了夏秋良田。

粮食的分量——沉甸甸的压舱石

1947年，我家种大红毛谷8亩，总产1 600余斤，种玉米3亩，总产1 200余斤，种小麦19亩，总产3 800斤，全年夏秋总产6 600斤。

1948年，种大白毛谷6亩，产1 200余斤，黄豆4亩，产750斤，小麦20亩，产5 000余斤，全年总产6 950斤。

1949年，种小麦20亩，产6 000余斤，种玉米6亩，产2 100斤，油菜2亩，产400余斤，谷2亩，产500余斤。全年总产9 000斤。三年粮食总产22 550斤。

全国在解放初期，还没有正规的化肥，主要靠农家肥，平均亩产250～300斤。国家对粮棉油生产，凡达到亩产规定指标的，都要评选出劳模，给戴红花，上红榜，列队迎，和县长、政委同照相。最后，在大会上发奖，伴随着音乐全场鼓掌，"粮食劳模最光荣！"的口号阵阵响。

那时的领导干部把劳模看得最吃香，农村的工作中心是以粮为纲，靠政治宣传加革命歌曲推动，大闹粮食生产高潮。我村评选出女劳模4人，男劳模6人，均上了红榜。垣曲小报提出"女人学习劳模张桂英，男人学习劳模徐明景"这两面红旗，在全县各个互助组组织宣传学习。

在这战后三年粮食大生产恢复时期，我也三次被评选上"青年特等小劳模"。

那时，凡是当上劳模的人，打的粮食都是靠一条扁担两只手，不惜汗水满身流，真心实意种粮食，是老太婆纳鞋底实打实，实干实报，没有虚假，真心实意爱祖国，大卖余粮作贡献。

我家三年打了22 550斤粮食，除卖爱国粮1万斤以外，全家三口人留足三年吃的口粮，还库存一年以上的储备粮。这就是"耕三余一"的目标实现了。丰年要防歉年缺，有备无患粮囤满。

一个家庭要这样努力去做，一个国家更要充分地、扎实地做好"耕三余一"的粮食储备。要吸取国内外历史上"军无粮自散，民无粮自乱"的严酷教训。

1950年11月2日，垣曲县委党校集中全县党员，内部学习党中央作出的抗美援朝的决定精神。县委组织部根据我写的参加抗美援朝决心书，将我调到县委宣传部工作，家里的母亲和兄弟由村上按军属对待照顾。我把家中的老黄牛、农具等，全部捐献给互助组，由大家大闹粮食生产统一使用。

3. 1953年实行粮食统购统销，区分了农业与非农业的吃粮差别

1953年，我在垣曲县委宣传部工作，参与组织县直机关干部组成126人的农村工作队，深入全县乡村宣传粮食统购统销政策的好处。一是能保障城市和农村人口在生活上统一计划粮食供应标准；二是能及时供足抗美援朝的军用粮；三是能彻底杜绝粮商搞投机倒把；四是能稳定粮食的统一价格；五是能统一调整粗细粮分配。

干部下乡到农村，白天下田搞生产，晚上开群众大会作动员。以党团干部为骨干，层层发动，逐户摸底；发现典型，树立典型，靠党员积极带头号召群众大卖爱国粮。当时提出，谁卖粮最多就最光荣，就给发重奖，门上挂红旗，在县报上登消息和广播上宣传，掀起了争先恐后卖余粮的热潮。

作为当时宣传粮食统购统销政策的成员之一，我和其他干部共同的心愿都是为了多一些这样的"光荣"，总是希望农户多卖粮食，少留口粮。为此，三番五次地精打细算，把农村人口全年的基本口粮压缩到300～360斤。实际上，强壮劳动力多的家庭，根本不够吃。这样，人为地造成不少困难。同时，国家先后发行省粮票和全国粮票，与食品供应证等，都把农村人口放在空处，沾不上一点边。

此外，城镇人口又详细地填发了非农业户口的粮食供应本，出外时可以拿上红彤彤的大本子领粮票，用米面时就到粮站按斤数取，非常方便。这样的做法，大长了非农业户口的福利。

住在农村，顶着烈日，身流汗水，苦心种田的农民，打出的粮食，不能自主。上边用割资本主义尾巴、斗私批修等名义和活动来限制农民获得更多粮食，同时一不准请长假，二不准出远门，把农民的进出自由堵死了。

在社会上，没有平等的看法，没有平等的待遇，农民自己也觉得低人一等。多产粮食劳动光荣的荣誉，全都忘光了、丢光了。

大集体期间生产的粮食，是由人民公社按土地亩数统一下达统购粮食的斤数并按平价卖给国家，再留足集体三大粮食，最后才是社员要分的最

低的基本口粮。

农村的基层干部也不好当。上级会批评交统购粮拉了后腿，社员会埋怨粮食不够吃。有时候，把自己的粮食平价卖了之后，又需要花比平价高三倍的价钱买议价粮，来补充家庭生活缺粮的困难。

到了星期天，有时候放假，农民进县城办点事，饿了到食堂吃顿饭，没有粮票，只能花6角钱买平价只要1角5分的饭。舍不得花，或根本就出不起这个钱，便只好饿上一顿。

生活的现场对比出"骑着骆驼赶着鸡，高的高来低的低"的残酷现实。这农与非农的大差别，完全是人为造成的。

1992年又出现了农民可以买非农业户口，一个人三千元。农村的年轻人都看重非农户口，认为高贵，就争先恐后地买。可惜，买户口的运气又不好，粮食的供应本、食品证等全部取消了。什么好处也没有，钱算白花了。

中国共产党领导闹革命打游击的时期，实行农村包围城市，部队的吃粮穿鞋住宿等依靠农村根据地，农民是忠诚的后备军、支持者、保卫者。农村就是新中国革命胜利的发源地、资源保障地。

渴望在现代化建设的进程中，缩小农与非农的差距，逐步取得城乡平等的待遇。这样尤其对革命老区是个具有历史深意的尊重和纪念，能体现牢不可破的工农联盟关系。

4. 高举总路线、"大跃进"、人民公社三面红旗，全民大闹粮食高产放卫星

1958年5月，毛泽东主席提出"鼓足干劲，力争上游，多快好省地建设社会主义"的总路线。不久之后，又发动了"大跃进"和"人民公社化"运动，当时称为"三面红旗"，并称：三面红旗是灯塔，人人挂帅干劲大，大闹粮食上高产，大放粮食卫星飞上天。

1958年6月2日，中共垣曲县委做出《关于组织全县干部学习宣传总路线的决议》。按照要求，在乡工作组、中小学师生、党团骨干、下放干部等，总共5 300余人，于8—9月分别在全县各集镇、村召开宣传大会，组织宣传游行，10岁以上男女全部参加。各机关、团体、学校组织

的宣传队敲锣打鼓扭秧歌，大造声势。县广播站、电影队、文化馆、县报等单位全员投入大搞粮食上高产、放卫星活动。各乡村到处书写墙标，在乡干部和小学教师向当地群众做宣传报告，要求做到家喻户晓，人人皆知。

6月24日，县委又召开1 900名党员动员大会，提出反对右倾保守思想，进一步为"大跃进"运动扫除障碍，号召全县人民要以十分指标十二分措施，二十四分干劲为全面大跃进而奋斗。

7月29日，县委召开小麦丰产动员会议。县委要求实现粮食亩产千斤目标，并宣传"人有多大胆，地有多大产"的口号，制作了"卫星""元帅""先锋"三面红旗和一面黑旗。各乡、社都确定跃进指标：小麦亩产2 000千克以上的5个公社，1 000~1 500千克的11个公社。在每个土地耕作施肥阶段，开展流动夺红旗竞赛活动，查深耕、比上肥，争插红旗拔黑旗。

1958年夏秋两季，全国各地连续大放粮食卫星开始了。小麦亩产报到3 500、4 000、5 000斤，最大的一颗秋粮卫星是7 000斤。侯马市一万斤红薯上了天。报上还登出"一个萝卜六亿三，全国人民吃一天"等特大卫星。

在满天大放粮食卫星的形势下，县委机关干部也坐不住了，要到古城小赵农场大搞5亩玉米试验田，目标亩产1万斤，要求每亩上大粪500担。

对这件事，我没有表态，只是跟着大家，努力往地里担大粪。把玉米种上，在锄小苗之时，上面又叫二次表态下决心，我还是没有表态。领导说我赶不上新形势。通过谈话，决定让我去南山河底村当社员，进行劳动锻炼。

当天背上铺盖走进村，接上头，队里就叫我住在生产队长冯云香家里，吃饭是在全村36户社员家轮流，每天向户主交一斤粮票（早晚各3两，中午4两），3角钱。我劳动所得工分，在谁家吃饭就记到谁家的工分本上。

说起种粮食、干农活，实际上我并不外行。12岁时，我就在姥姥家干活，学会架牛犁地了，15岁就学会摇耧种麦，什么力气都出过。虽然

粮食的分量——沉甸甸的压舱石

在县委工作了十几年,但出力下苦的习惯一直没有丢。每年的农忙季节,下班之后都要到古城附近的生产队,或锄秋苗或割小麦,只是随心尽力地干活,没有什么任务要求。可是,这次来南山当社员,是在"大跃进"中夺粮食高产放卫星的风口浪尖上!进了河底村,可不是一般的要求,干不出样子是交不了账的……

为此,我下最大的决心,要实事求是中出奇迹:第一,严格要求自己,不怕劳累,努力劳动干重活;第二,要同队长、社员打成一片,同心同德锄田、追肥、浇水、勤管(我从来没有种过水浇田,只好边干边向群众学习);第三,要主动找关键农活,把好关。

每天天刚亮,在队长打上工钟之前,我已往大秋田地头大粪池里送大粪3~5担。社员们上地时把早点给我带到地里。就这样,连续担大粪22天,共送大粪326担,准备兑水混浇春播玉米。

在锄二遍春玉米时,我认真锄草,上土均匀,草死干净。

通过实干,我得到队长的支持和赞扬,并让社员们照着标准样子学,提高农活质量。我也向社员们学会了打棱浇水把关的技巧。在共同努力大闹粮食生产大跃进的形势中,这些工作保证了全队50亩玉米平均亩产1060斤。这比县委机关玉米试验田每亩还多102斤。

当社员3个月的劳动期到了。除了5天下雨时间,在85天的"大跃进"中,我加班加点,共完成126个劳动日的工作量。

我和队里的干部、社员通过三个月的共同劳动,结下了亲如一家的感情。临走时,社员们送我到村外,往马车上放了两袋柿饼、一袋花生米,让我带回县委。

队长赶马车走得很远了,社员们还在村北头久站不走。他们大喊:"不要忘了咱河底村社员!"我也大喊:"大家回去吧,还会再见的!"

队长冯香云同志责任感特别强。他用马车把我送回县委,连一口水都没有喝,就亲自到县委办公室交了对我参加劳动锻炼的表扬信。然后,坐了一会儿,就要走。我硬是留住吃了一点中午食堂的饭菜后,我们才恋恋不舍地告别了。

1958年9月之后,全民皆兵,大炼钢铁。全县大量的强壮劳力被抽调炼钢铁,各个公社成了空架子;丰收在望的秋粮作物,靠老弱病残无力收回。粮棉油之外，还有柿子、水果等，大量熟落、霉烂，无法挽救，实在可惜。整个农业粮食生产、大跃进指标，全落空了。

5. 全县公共食堂化与抗灾救荒实情

在总路线的灯塔照耀下，随着"大跃进"和人民公社的诞生，出现了农村公共食堂化。

1958年夏收至年底，垣曲县建立了1 017个公共食堂，21 385户在食堂吃饭，占全县总农户人口（90 771人）的89%以上。在此基础上，全县公共食堂发展到1 162个。男女老幼全部进入公共食堂吃大锅饭，不要钱，集体干活不计工。社员家里所存的粮食，全部交给食堂，如有隐瞒，进户查缴。

公共食堂最初的粮食浪费现象也很严重，加上后来接连发生的自然灾害，终于造成之后的三年粮荒，只好在生活上进行瓜菜代粮。

1960年10月，县委发出"大抓积菜，节约度荒"的号召。全县各个农村食堂，组织干部群众挖野菜、采树叶，以副代主，粗粮细作，瓜菜代粮，又让社员半天劳动，半天休息，实行劳逸结合。

10月11日，南山公社党委提出"千名闯将上大山，大采大积淮海战，要采野菜十余万，决心度过灾荒年。"垣曲县小报对此加以报道推广，还介绍毛家湾公共食堂4条经验如下：

第一条，以人定量，预先报饭，按量添水，按人下面；

第二条，多吃菜少用粮，在每人每天吃2～3斤菜的基础上，再多煮1斤菜，少下一两粮食；

第三条，以顿核算，日小结，旬发饭票，月底结算，出榜公布；

第四条，半月开一次社员生活代表会，具体研究节约用粮，改进食堂的生活安排。

1960年12月27日，县委召开了各个食堂事务长、下放干部、社队书记，以及重点食堂炊事员、社员代表等1 500人大会。县委书记作了"全党动员，全民动手，大办食堂，大抓生活"的动员报告。会议强调指出，要办好食堂，办好生活，必须进一步坚持"政治进食堂，干部下厨房"的方针。会议决定全县抽调千名优秀干部进食堂当管理员、炊事员，

粮食的分量——沉甸甸的压舱石

大搞食堂整顿：①从低安排口粮；②大抓瓜菜代；③落实粮、菜、油、盐、柴；④政治进食堂，困难把路让；⑤指标到户，节约归己。

由于生活严重困难，据不完全统计，从1959年到1960年，全县非正常死亡81人，患浮肿病236人，外流330人。从1960年冬季开始，个别食堂已经难以为继，陆续停办。

皋落公社徐家沟食堂的社员反映，在食堂吃饭有三冷：一是排队打饭冷，二是饭盆端到家里冷，三是家里不烧火待着冷。但上面检查后认为反映无效，强令恢复食堂。

1961年后半年，由于库房无粮食，巧妇难为无米之炊，全县公共食堂无法给社员及时开饭，只好在万分痛心中全部解散。

6. "62压"精兵简政，不在年限要求返农村

"徐从秀呀你真傻，有官不当把田下"。

1962年2月4日，在县大礼堂，由侯成金同志作精兵简政的报告，提出了挽救三年农业灾害，国家严重缺粮的实情。

经过三动员、五结合的讨论，有不少人正好在精兵简政的年限之内，从情绪上表现低落，哭哭啼啼，不愿返回农业第一线，让精简办的负责人很作难。可是，我在三动员五结合的文件中，对照精简的年限没有我，但我要求返回农业第一线。

县委组织部部长赵恒亮同志，对我非常关怀，亲自找我几次谈话，要调我到商业局当书记。我借口搞不了经济工作，表示不愿意去。

一个月之后，赵恒亮同志说，把你调到皋落公社当主任或秘书（长），由你挑。我还是向领导表示谢意，交了退职信，自作主张，决定直接返回农业第一线。

老同事王勤贤对我诚心地说："徐从秀呀你真傻，有官不当把田下，真是没病揽伤寒……"

还有人说我革命意志不坚定，工作干了个半途而废；看中了小块地，资本主义倾向严重。这些都是往我脸上抹黑，冤枉了我半生，我都忍下去了，没有对人说过。

如今，年老了，可以真心实意地回忆和写出来，让家庭和社会去了解

我是怎样走过爱国爱民爱家之路的。

在"62压"的精简之时，我迫切坚持回农业第一线，到艰苦的地方去搞粮食生产有五方面的考虑：

一是，中苏分裂，国难当头；二是，在我头脑里，干部不是为了升官图名气，而是按照国家的需要，为民尽责任，办实事；三是，因我父亲参加革命工作并奉献了生命的缘故，我自幼年开始就坚定了报国爱民的人生观；四是，这也好，那也好，国库无粮，民无口粮最不好；五是，间接当领导，不如直接为民好。

因为粮食和别的物品不一样，它有一个种植季节与生长的时间，不到天数是不会变成粮食的。同时，耕、种、锄草、施肥、浇水等田间工序，需要一粒汗水换一粒粮食的辛苦。谁要忽视了这一点，就会吃大亏；谁要拔苗助长，就会适得其反。

自1948年入党、1949年参加革命工作以来，我是一听二从三拼命，无论啥工作要干都是风雨无阻，从来没有落后过。可是，在总路线、"大跃进"、人民公社化运动中，粮食卫星放满了天，农村实行了公共食堂化，我天真地想着：全国打了那么多粮食，这个铁饭碗就要一下子吃到共产主义社会啦……当时，皋落公社供销社开车来村里收铁，我就积极带头把大锅小锅笼盖铁圈等，全部当废铁卖光了。可惜，公共食堂在我院东房里成立不到二年，库存的粮食吃空了。这暴露出原来放的粮食卫星都是假的，都是吹牛干部搞的鬼，给国家和人民造成了极大的困难，使我家在生活上也吃了好多的苦头。

从此，我学会了识别真与假的界限。对于不正确的工作我不干，对错误的做法，我敢于争论，以实事求是的实践真理去说服人，让人心服口服。

1962年3月8日，我正式移交了县委档案馆的工作手续和财务清单等，到县精简办拿到"返农业第一线"证明书，背着铺盖和同事们握手告别。

回村的路上我满身是劲地走着！一进村，就让邻居们接住了行李，大家边走边谈话。村里人都带着希望的笑脸，异口同声地说："你在县上工作了多年，可要给咱队多想一些解决粮食的好办法……"

粮食的分量——沉甸甸的压舱石

还有几个在村里大槐树下闲坐的老年人，身体都很瘦弱，拄着拐杖东倒西歪地走到我眼前，要求能提高农村的吃粮标准。他们说出村里生活的实际情况是，在家里做的每顿饭，小孩是往饱吃，轮到大人，吃个半饱，老忍着饥饿，还要下地干重活，身体都饿倒了。我当场答应了大家的渴望，表示要尽力出外找粮食的活路。

我在家住了一夜，第二天早上就去民兴大队通过熟人说话借了3 000斤小麦运回村里，按人口记名分到户，等下年生产下小麦，顶替民兴大队到皋落乡粮站交公粮。借到粮食，稳住了人心，农业生产就更有劲头了。

第三天，我把党员关系送交村党支部时，书记王福信正在主持召开党员、队长扩大会议，进行春耕生产动员，争取由缺粮变成有余粮。会议安排了玉米、谷子、棉花、红薯、油料等大秋作物的亩数，并严格要求深耕作、细耙磨，每亩施足底肥100担。

会后，大家对我都很热情，当天就让党员分组讨论，叫我进了党支部，分管教育工作，并兼任徐家沟政治队长。我表态，大家的关怀，我感谢！但叫我进党支部太早了，还是回村在农业上锻炼一段时间再说。

王书记抢着说："你回来，正好需要人，上得越早越好！在工作上边干边练吧。我们共同努力抓好粮食过关，早日为国为民排忧解难！"他的话说到了我心里。

从此，我就以深厚的责任感，促进班子成员团结起来，拧成一股绳，为16个生产队2 520口社员跑上带下，踏实苦干。通过三年努力，全大队实现了由缺粮变余粮，出售爱国粮32.6万斤。

7. 天派地派合一派，开展农业学大寨

1964年，党中央发起"农业学大寨"运动，同时农村住满了工作队，"四清"运动也开始了。

这个运动过程中，我因开小块地与工作队长有一次激烈的斗争。

我开小块地是在1962年。那一年，我因母亲得浮肿病向县长蔡济荣写了个缺粮申请，结果批了5斤土面（当时磨面机磨面过程中遗落在地上，之后又收集起来的面粉）和1斤豆子，还不如在村里向富裕户要饭，让我伤心一生难忘……我回村后，因家庭人口多、劳力少，按劳动工分分粮食分得少，全家粮食问题缺口大。于是，我就采取白天带领社员干队里的生产活儿，晚上让爱人打着灯笼在前河滩东边的乱石滩中开挖了3分荒地。当年春季，我在这片地里种上了谷子，到秋天收了100多斤，成为家里的缺粮补助。

1964年我在河滩荒地种的小麦，光照足，熟得早，正好赶上家里快没吃的粮食了。我就先割了两捆，担回院里，计划打上几十斤，就有了吃的，才能集中力量搞好生产队的麦收。

可也真奇怪！就在这时，四清队长席红儒来了，要割"资本主义尾巴"。他一进门就气呼呼地说："徐从秀，你还要社会主义吗？"

我说："不要啦！像这样的社会主义，连自己的孩子都养不活，还有啥意思！老席，你到家里看看，若有十斤八斤的米面，算我自私。我这麦子是在口粮不够的无奈中提夜灯开荒地种出来的，能说是资本主义吗？"

席红儒到家里一看，两个盆子里，只有一碗小米，半小盆面。他变了脸色，走到院里，用手指着麦捆说："你打吧，这事不再说了……"

四清工作队在此后不久就退出了农村。

1965年秋，在"四清"还没有结束的时候，大秋作物成熟过了，在秋天的大风中，棉花出了壳，玉米上了吊，豆子放了炮，粮食生产损失不小，"四不清"干部因约法四章的限制下了台。

1966年，"文化大革命"运动开展得更凶猛！从农村到县城，到处都是红卫兵在开展革命"点火"，还分出了造反派、保皇派等。你攻我来我攻你，攻来攻去动武器，使农业学大寨变成了空口号。

文革当中，县城、公社、大队开始了大揪、大批、大斗、大夺权，农业生产处于瘫痪状态。集体生产，只有年老的社员自觉找些农活干。

文革中的武斗由小到大，从东峰山到刘张村，内外设立埋伏圈，动用真枪真炮，昼夜攻打革联站，持续一个星期。红卫兵打开国库，米面随便拿来吃……到了没人敢说、更没人敢管的地步。这真是"山神爷管不住狼了"，一切都乱了套。

1972年3月，党中央发布了"723布告"。随即部队则进驻了广播站，向全县宣告禁止武斗讲和谈，一切武器必须完全交出来，要"天派地派合一派，开展农业学大寨"。

粮食的分量——沉甸甸的压舱石

1973年3月20日，垣曲县委提出："举旗抓纲学大寨，急起直追赶昔阳；全党全民总动员，三年建成大寨县；粮食产量要上去，机关干部要下去。"县里要求全县各社队的行动标准是："白天门上一把锁，晚上战地一盏灯；早上起床五点半，田间地头两送饭；关键时刻连轴转，誓夺粮食过大关（500～800斤）。"

我首先召集队委干部开会，决定把在文革中因观点不同的人团结在统一的旗帜下。按年龄和性别，全村劳力分别组编成"老红军大闹粮食生产战斗队""雷锋大闹粮食生产战斗队""刘胡兰大闹粮食生产战斗队"。三个生产战斗队的任务是，根据农活季节、体力强弱，分合灵活，大活打总体战，小活根据需要各自进行。

在大战后河沟、夹夹沟、关道沟、吉有沟的6个冬春的战役中，挖高填低、截沟淤峪、打坝造地200余亩。这些地由只能牛耕的沟坡地变成了平展展的机耕田。每条沟也都修通了机耕路，不用牛犁地和人担了。社员们高兴地说，这下咱徐家沟有了4个更好的粮食囤啦，不怕粮食过不了关！

老年人又高兴又伤心地说："过去'家穷无粮外人怕，有姑娘不敢往村嫁，婚订了的要退婚，没订婚的订不下。'要是咱队粮食真过不了关，连孩子的媳妇都说不下哩！"

这些话，我听在耳里，记在心里，感觉大家的心里是觉悟了。就连反贴门神不对脸的人都笑脸相迎说了话，这大闹粮食生产就好办了。

我付出最大的努力，肩扛红旗和镢头，手提广播筒喊上工，讲团结大生产，甩掉无粮大困难！我早上工地晚下田，红旗插地风飘展；社员紧跟大生产，前后查看质量关；天天如此到田园，顿顿回家吃冷饭；爱人说要热一下，我说冷饭就正好；吃得快来省时间，及早上工闹生产。

扛红旗，广播喊，真学大寨后六年，年年粮食大增产。

1971年，队里农业生产处于瘫痪状态。全队400亩小麦总产36 000斤，小麦收打共用了80天，每人分了83斤出芽麦。粮食生产下降到极点，干部社员都伤了心。

从1973年开始努力，全队400亩小麦，总产11.3万斤；

1974年，400亩小麦，总产16.5万斤；

1975年，400亩小麦，总产18.2万斤；
1976年，400亩小麦，总产20.6万斤；
1977年，402亩小麦，总产21.8万斤；
1978年，406亩小麦，总产23.9万斤。

同时，徐家沟的增产领头羊作用带动了全大队16个生产队的粮食生产。1978年，西窑大队3 000亩小麦总产93.8万斤，由缺粮变余粮，售卖爱国粮32.6万斤，在垣曲县委和县人民政府挂上了号，得到县和地区的红旗奖等荣誉。我作为大队的领头人，感谢县委和县政府郭同儒、文荣斌、李英增、张海林、赵恒亮等有关领导对我的关怀，以及对徐家沟大力支持！

我一生的工作经历，是由农村到机关，再由机关回到农村。从青春时代到中老年时期，我为党为人民当公务员，勤奋工作了五十六年。其中一大半时间是为粮食生产，不怕牺牲，乐在其中！

8. 土地种粮责任田，农民有了自主权

中共十一届三中全会以后，农村经济体制大改革，一马当先，人人欢迎。实行家庭联产承包责任制，是在土地所有制不变的基础上，把土地按人口和劳力分给农民耕种。这个做法维护了农民发展粮食生产中的切身利益。

但是，就在这个节骨眼上，有极少数想不通的人说出："南征北战几十年，一夜退到建国前"等怪话。

从1981年至1983年，随着改革开放的不断深入，土地生产责任制不断完善，人尽其才，地尽其力，生产出更多的粮食，带来了极大的活力和生机。农民彻底摆脱了"大锅饭，吃不饱，农活质量提不高，打钟上地一窝蜂，通宵熬眼吵记工，好坏难分一拉平，没有人的积极性"的日子，开始由温饱奔向小康生活。随后出现了农村科技革命、农场经济、支柱产业、高效农田等新的课题。

拿我家来说，在大集体期间，全家11口人，能干活的都参加劳动，但按干出的劳动工分，分不到够吃的粮食，还要去借一半的外债，才能维持全家的粮食。自从土地承包下放到户以后，自己家按人口分承包田33

粮食的分量——沉甸甸的压舱石

亩，还与另外两家社员合分一匹大红马，种地时能进行独犁独耙。这匹马由我家喂养，三户种田，轮换使用。

就在那几年的黄金时代，我和爱人情绪高涨，顶替全家人种好所有的承包土地，把子女都从农田里解放出来去上学读书。可是，粮食、棉花等作物产量都不少，每年夏秋两季粮食总产 1 万余斤，7 亩棉花连续三年总产籽棉都在 1 000 余斤，得到购买自行车、缝纫机资格等物质奖励。为了孩子上学，每年要出售爱国粮 5 000～6 000 斤。在中国加入世界贸易组织以后，我家又向国家交售陈小麦 5 000 余斤，家里仍然有库存小麦 4 000 余斤。这真是：家中有粮，心里不慌，喜气洋洋劳果甜，快快乐乐供下一代攻书山！

如今，子女们大部分都经过勤奋努力上了大学，国家给分配了工作，生活有了保障。有不少人说，是我和我爱人的命脉好、祖先的坟茔好等。我说是共产党的领导好，政策好，才有农民的运气好，才有人的解放的金光大道！

（回忆人：徐从秀，于农闲和阴雨天写作，2004 年 7 月 1 日完成）

参 考 文 献

曹宝明，等．中国粮食安全的现状、挑战与对策研究［M］．北京：中国农业出版社，2011．

曾业松．新农论［M］．北京：新华出版社，2015．

崔连仲，等．世界通史［M］．北京：人民出版社，2000．

戴晴，梁漱溟．王实味　储安平［M］．南京：江苏文艺出版社，1989．

杜虹．20 世纪中国农民问题［M］．北京：中国社会出版社，1998．

杜润生．杜润生自述：中国农村体制变革重大决策纪实［M］．北京：人民出版社，2005．

方言．转型发展期的农业政策研究：粮食卷［M］．北京：中国经济出版社，2017．

富兰克林·H. 金．四千年农夫［M］．北京：东方出版社，2011．

顾莉丽．中国粮食主产区的演变与发展研究［M］．北京：中国农业出版社，2012．

管仲．管子［M］．北京：北京联合出版公司，2017．

国家粮食局．建设粮食产业强国实践与探索［M］．北京：中国财富出版社，2018．

海斯，穆恩，韦兰．全球通史［M］．冰心，等，译．北京：红旗出版社，2015．

韩毓海．重读毛泽东［M］．北京：人民出版社，中国少年儿童出版社，2017．

何兰生．乡愁中国［M］．北京：人民日报出版社，2015．

贾雷德·戴蒙德．枪炮、病菌与钢铁：人类社会的命运［M］．谢延光，译．上海：上海译文出版社，2000．

康有为．大同书［M］．北京：中国人民大学出版社，2010．

拉吉·帕特尔．粮食战争［M］．北京：东方出版社，2008．

李建成．中国粮食文化概说［M］．北京：中国农业出版社，2011．

李锦．大转折的瞬间：目击中国农村改革［M］．长沙：湖南人民出版社，2000．

梁漱溟．中国文化的命运［M］．北京：中信出版社，2010．

罗丹，陈洁．新常态时期的粮食安全战略［M］．上海：上海远东出版社，2016．

马克思．资本论［M］．呼和浩特：远方出版社，2011．

毛泽东．毛泽东选集［M］．北京：人民出版社，1952．

孙振远．中国粮食问题［M］．郑州：河南人民出版社，2000．

唐正芒．中国共产党领导新中国粮食工作史论［M］．湘潭：湘潭大学出版社，2016．

武文．粮食生产与粮食安全［M］．北京：中国民主法制出版社，2016．

习近平．摆脱贫困［M］．福州：福建人民出版社，1992.
习近平．习近平谈治国理政［M］．北京：外文出版社，2018.
习近平．之江新语［M］．杭州：浙江人民出版社，2013.
席虎榜．账本里的中国故事［M］．太原：三晋出版社，2019.
徐焰．解放军为什么能赢［M］．广州：广东经济出版社，2012.
许道夫．中国近代粮食经济史［M］．北京：中国农业出版社，2010.
旬卿．荀子［M］．北京：北京联合出版公司，2017.
亚当·斯密．国富论［M］．南京：译林出版社，2013.
杨凤城．中国共产党历史［M］．北京：中国人民大学出版社，2010.
杨胜群，陈晋．中共党史重大事件述实［M］．北京：人民出版社，2008.
杨易，何君．境外农业资源利用与中国粮食安全保障［M］．北京：中国农业出版社，2014.
赵德余．中国粮食政策史：1949—2008［M］．上海：上海世纪出版集团，2017.
中共中央党史和文献研究院．习近平扶贫论述摘编［M］．北京：中国文献出版社，2018.
中共中央党史和文献研究院．习近平关于"三农"工作论述摘编［M］．北京：中国文献出版社，2019.
中共中央文献研究室．毛泽东思想形成与发展大事记［M］．北京：中央文献出版社，2011.
中共中央文献研究室．中国特色社会主义理论体系形成与发展大事记［M］．北京：中央文献出版社，2011.
中央党校采访实录编辑室．习近平的七年知青岁月［M］．北京：中共中央党校出版社，2017.
钟文峰．粮食安全［M］．北京：国际文化出版公司，2014.

后 记

非常高兴有机会参与完成这样一个重要选题的写作。

我从小生活在物资匮乏、粮食尤其短缺的时代，因而对生产粮食和其他各种农产品的农民充满了敬意。大学毕业之后，我选择到农民日报社工作，或许也与此有关。

我的父亲徐从秀，就是一位经历丰富的农民。他出身贫寒，幼年时期先后失去生父和继父。他曾经在县委机关工作多年，为了解决好粮食问题又放弃公干回村当了村官。勤劳是他人生主旋律：8岁起就明白要为家人生计而努力劳动，12岁就外出长途担盐换粮食，15岁开始开荒种粮，30岁起带领全村人解决粮食问题……在粮食极为短缺的20世纪60年代初，父亲不顾白天在县委上班的辛苦，晚上返回村里开荒种地；1962年，他主动响应国家支援农业和农村的号召，回到了村庄；在以粮为纲的农业学大寨时期，每到大忙时节，他总是到尘土飞扬的打麦场、脱粒机、铡草机、轧花机前带头劳动。80年代实行家庭联产承包责任制，他仍然义无反顾地投入到责任田的耕作当中。他于2011年12月去世，当年年初还时常到地头劳作。

父亲在晚年，经常写一些回忆文章。我于是给他出了一个题目：粮食问题回忆录。他很重视这个题目，因为他的一生几乎都在为解决家庭和村庄的粮食问题而奋斗。他利用农闲，花了两个多月时间于2004年7月完成了本书附录中的这篇回忆录。

我拿到这篇回忆录，认真拜读之后，准备把它妥妥地存好，当做压箱底的传家宝。近年来，粮食安全和节约粮食的话题颇受上上下下的重视，我觉得这本回忆录是配合这一话题的特别好的材料，应该以合适方式向社会推介，以发挥其史料价值。向中国农业出版社农经分社赵刚社长谈到此想法时，他也非常支持，结合粮食生产的新形势和习近平总书记关于节约粮食的批示等写成一本专著，要让社会上更多的人由此了解、关注粮食安全和节约粮食问题。在共同研讨回忆录内容之后，赵刚和我一起策划了这本专著的主要结构。我们认为这将是目前社会十分需要的主旋律读物。

在筹备具体完成相关任务时，为了能够在较短时间内尽可能好地写作到位，权威地引用资料和数据，全面地分析和论述相关问题，我邀请时任农民日报评论部主任白锋哲同志共同参与著述。感谢白主任对于本书的构思和篇目高度认可并积极参与共同创作。根据分工，本书的序言、第二章、第三章由我来完成，第一、四、五章由白主任执笔。感谢经济日报集团《经济》杂志社、经济网副总编辑刘越山同志的参与与支持。

由于时间仓促和本人水平所限，虽然我们用心尽力去做好每一章节，每一细节，但本书一定还会有不少不到位或不准确之处，希望读者不吝赐教和指正。

感谢中国农业出版社各位老师，在出版本书过程中的积极努力；感谢报社领导和我的家人在本书写作期间的包容与支持；对其他指导和帮助过本书相关内容的领导、老师、朋友，在此一并表示感谢！

徐恒杰
2022 年 5 月于北京

图书在版编目（CIP）数据

粮食的分量：沉甸甸的压舱石 / 徐恒杰，白锋哲，刘越山著 . —北京：中国农业出版社，2022.5
ISBN 978-7-109-29377-9

Ⅰ.①粮… Ⅱ.①徐… ②白… ③刘… Ⅲ.①粮食问题－研究－中国 Ⅳ.①F326.11

中国版本图书馆 CIP 数据核字（2022）第 071539 号

中国农业出版社出版

地址：北京市朝阳区麦子店街 18 号楼
邮编：100125
责任编辑：赵　刚
版式设计：杜　然　责任校对：刘丽香
印刷：北京通州皇家印刷厂
版次：2022 年 5 月第 1 版
印次：2022 年 5 月北京第 1 次印刷
发行：新华书店北京发行所
开本：700mm×1000mm　1/16
印张：11.75
字数：170 千字
定价：48.00 元

版权所有·侵权必究
凡购买本社图书，如有印装质量问题，我社负责调换。
服务电话：010 - 59195115　010 - 59194918